语言·文化·传播丛书

电视商业广告语体研究

张武江 著

中国传媒大学出版社

目　录 Contents

序 言

人类社会的语言刚出现的时候，只有口语，它是个语音和语义相结合的符号系统。口语是说话者当场说出的，听者可以听，还可以看到说话的人。后来产生了记录语言的符号：文字，于是就有了书面语。书面语是口语的视觉符号，可以看，但不可以听，同时也看不到说话的人。录音技术出现后，又产生了一种新的记录语言的符号，这种符号可以听，但不能看，自然也常看不到说话的人。这种符号，是口语的符号，但并不是口语，我们称之为“电声”。电视产生之后，在使用电声的同时，常可以看到说话的人，还可以使用字幕，于是电视中的语言符号，成为一种可听可看的视听符号，我们称之为“屏幕语”。屏幕语是在近代电子技术的基础上产生的一种新的语言形式，除了电视语言之外，有些网络语言也属于屏幕语。这样一来，广义的语言中就包含有三种不同的符号系统：口语、书面语、屏幕语。这三种符号可以放在一起研究，也可以分开研究。对它们分开进行研究时，我们称之为三种不同的语体。

口语体、书面语体、屏幕语体是根据符号性质及其语境区分出的三种基础语体，在这三种语体的基础上，根据语境的不同，它们还可以再区分出不同的分语体。比如：口语体可以分出随意性谈话语体、认真性谈话语体等；书面语体可以分出文艺性语体、新闻性语体、科学性语体等。屏幕语体同样可以区分出不同的语体:新闻性语体、纪录性语体、文艺性语体、体育性语体等,广告语体则是其中重要的一种。

两个方面的原因造成对屏幕语体研究工作的薄弱。其一,屏幕语出现较晚,在电视语言出现之后,又出现了网络语言;它们都还处在不断地发展之中,跟口语、书面语相比,有待进一步成熟与完善。与此相应,人们对它的认识也有一个过程。起初,人们常把屏幕语体看作口语体或书面语体。其实,屏幕语体是一种在特有的符号系统的基础上形成的独立语体,跟口语体、书面语体有异有同,不宜隔离,也不宜混同。其二,从符号学的观点看,电视是个综合的符号系统,其中既包含有语言符号,也包含图像符号、音响符号等。在这种情况下,研究屏幕语体常要涉及语言之外的符号系统,其中主要是图像。这给屏幕语体的研究,增添了新的内容,也增加了一些难度。

在屏幕语体中,广告语体的研究更是薄弱,《电视商业广告语体研究》一书,在这方面做了有益的工作。该书主要从语音、代词、句类等几个方面对电视广告语言进行了深入细致的研究,并取得了一些喜人的成果。该书在内容和研究方法方面,都具有开创性;这对于广告语言、屏幕语言的研究都有重要的参考价值。

《电视商业广告语体研究》的作者张武江,本来学的是外语,又在汉语上下了功夫。这就使得他理论修养扎实,研究视野开阔。在完成本书的过程中,刻苦钻研,虚心求教,反复推敲,所以书中多有发人思考之处。跟任何开创性工作一样,先行者的事业总难免存在尚待充实和完善之处。张武江是个乐于吸收他人意见的人,所以日后在本书的基础上,取得更多的成果,是指日可待的。

李佐丰

2015年2月于北京

第一章 绪 论

第一节 研究对象及目的

从语言学角度来看,广告已经成为现代社会越来越重要的一种话语类型。广告的表现形式多种多样,但语言始终是广告的主要表现形式之一。广告种类繁多,从目的看可分为商业广告和公益广告;从传播方式看,可分为平面广告、网络广告、广播广告、电视广告等。这里我们只限于对电视商业广告语体进行讨论。

对电视商业广告的语体进行研究,首先要搞清电视商业广告和电视商业广告语体的概念。

我们先来看电视商业广告的概念。电视商业广告是指通过电视媒介传播商业信息、促销商品或劳务,从而获取经济利益的一种商业行为。它包括各种产品广告;企业形象广告;邮电、保险、运输等服务贸易类广告;影视、竞技、展览、旅游等娱乐消费类广告等。①

---

① 北京广播学院新闻系广告学教研室编:《广告学——理论与应用》,中国广播电视出版社1993年版,第10页。

我们再来看电视商业广告语体的概念。我们认为,电视商业广告可以作为一种独立存在的语体。从语域的三要素来看,电视商业广告有自己的语场,它谈论的话题范围都和商业广告有关,它的目的是传递信息,介绍商品,报道、宣传事物,劝服、诱发受众行动,塑造企业、产品形象等等。电视商业广告有自己的语式,它采用视听媒介,是一种付费的大众传播方式。电视商业广告有自己的语旨,它涉及的对象是直接或间接地与广告目的有关的,能直接或间接接触电视广告媒体的各行各业、各阶层、各地区、各民族的男女老少。广告主(广告商)与消费者之间的关系是不正式的。

这样看来,电视商业广告语体就是为了适应电视商业广告复杂多样的领域、目的、对象和方式,运用全民语言而形成的电视商业广告言语。简单地说,电视商业广告语体就是电视商业广告言语特点的综合体。这种语体是在电视传播渠道的条件下,所表述的范围、内容相对确定的一种大众传媒语言。

本研究的目的就是要分析电视商业广告①的语体特点。为此,本研究以国内81家国家级和省级卫星电视台播放的电视商业广告作为研究对象,在分析真实语料的基础上,通过定量分析发现电视商业广告的语体特点。需要指出的是:由于我们研究的主体是电视商业广告语言的有声部分(独白、对白、旁白),除非在涉及画面的情况下,对画面的描述我们一概从简。电视商业广告中的音乐、音响、字幕,也不是本研究的重点,所以这部分的描述我们也尽量从简。

① 在后文的论述中,为了论述方便,我们一般将“电视商业广告”简称为“电视广告”。

第二节　相关研究综述

一、广告语言研究

广告语言的研究集中在语言学界和广告、新闻传播学界。语言学界侧重研究广告语言的修辞和语言特点等，广告、新闻传播学界侧重研究广告播音、广告词和广告文案写作。

（一）语言学界的研究

1. 国内的研究

国内的广告语言研究，大体上经历了三个阶段：第一阶段是初创阶段，主要从纯语言的微观角度，即从语言的结构，包括语音、文字、词汇、语法等各种语言手段及其修辞手法出发，看它是如何为广告宣传服务的。这主要还局限于语言本身的研究，成果以单篇文章为主，往往就事论事，缺乏深度，也不成系统。20 世纪 80 年代中后期基本属于这一阶段。第二阶段是发展阶段，研究的视野拓宽了，从语言的宏观角度，即从社会语言学、心理语言学、交际语言学、文化语言学等新的角度进行探讨。第一阶段与第二阶段有些交叉，转折期大概在 20 世纪 80 年代末到 90 年代初。其成果表现为出版了若干有一定影响的著作。第三阶段，即深化阶段，20 世纪 90 年代以来，随着广告语言创作本身的日趋成熟，对广告语言的研究也进入了一个新时期，主要表现为研究指导思想的变化。也就是说，人们越来越认识到，这一研究必须从纯语言学的角度跳出来，有意识地、自觉地结合广告学、符号学、市场学、营销学来思索广告语的创作。广告语言的研究跃上了一个新台阶。这一时期广告语言研究还有一个特点，就是语言学理论的发展给广告语言研究带来了新的研究方法和视角。研究者运用语用学、语篇分析理论、系统功能语言学理论等对广告语言进行研究，大大拓展了广告语言的研究思路，深化了对广告语言的认识和理解。

国内对于广告语言的研究大多数是从语言学、修辞学的角度进行的。几部有影响的广告语言学著作也大都出自语言学界。比较重要的成果主要有以下一些：

徐玉敏、宫日英编著的《广告语言分析》（中国物资出版社 1988 年版）。作者重点分析了由于传播媒介不同所导致的三种不同广告语体：平面广告、广播广告和电视广告，指出了其各自在语言特征上的不同特点。在对电视广告语言进行分析时，作者提出从目治语（电视广告有声语言）和耳治语（电视广告字幕）的角度对电视广告进行分析和讨论的观点，很有新意。

于根元主编、郭龙生副主编的《广告语言教程》（陕西人民教育出版社 1998 年版）。全书主要从写作学的角度讲解了广告语言写作的要求。作者认为广告语言同样有语言文字的，也有非语言文字的；重点论述了广告语言的叙述角度和社会心理这两大类问题，这两大类之间并非截然分开，而是相互影响、相互制约、相互作用的。

李瑞进、劳惠仪的《广告的语言艺术》（武汉测绘科技大学出版社 1994 年版）。这是一本从修辞学的角度来论述广告语言艺术的著作。作者以修辞学为立足点，从语言修辞的不同角度探讨广告语言的功能和效用。

曹志耘的《广告语言艺术》（湖南师范大学出版社 1992 年版）。作者指出广告语言的运用有其自身重要的特点和规律，对这些特点和规律的理性、科学的认识和把握，必须依赖于应用语言学的研究。

邵敬敏的《广告语创作透视》(北京语言学院出版社 1996 年版)。这本专著重点探讨了广告语创作中应当注意的问题，着重从修辞和词语运用规范的角度分析了当时广告语创作中存在的一些问题。

屈哨兵的《广告语言方略》(科学普及出版社 1997 年版)。这是广告语言研究中比较重要的一部专著，基本属于广告语言的本体研究范畴。作者立足于汉语语言本体，研究了广告语言的语音、词汇、句式和修辞特征，并且对报纸杂志广告、广播广告、电视广告这三种不同广告语体进行了对比，指出了它们在语言上的差异。

黄国文的《语篇分析的理论与实践——广告语篇研究》(上海外语教育出版社 2001 年版)。这是一本和广告语篇分析相关的专著。该专著将系统功能语法理论用于广告语篇分析，并从以下几个方面对广告语篇进行研究：句子、句际关系、相互依赖情况、逻辑—语义关系(第二章)；人际功能、经验功能、语篇功能(第三章)；词组、短语、衔接(第四章)；文化语境、情景语境、交际角色(第五章)。

范亚刚的《广告语言与讯息》(军事谊文出版社 2000 年版)。该书讨论了符号学两大学派的基本思想及其与广告分析有关的问题。文中提出广告符号的动态交际理论模式和有关符号学与广告研究的评述对分析广告语体有一定的参考价值。该专著将定性与定量方法结合起来分析广告语言，其有关广告中的信息如何实现为语言形式的研究，开辟了新的研究途径。该专著还采用了英汉两种广告语言对比的研究方法，归纳出英汉两种广告语言在信息结构上的异同。

吴为善的《沟通无极限：广告语言的全方位透视》(上海辞书出版社 2002 年版)。该书分四个板块论述了广告语言的特征。相比于以往的广告语言论著，这本专著的最大特点就是结合了语用学的思想，论述了广告语言的言语行为、合作原则的遵守与违反等。

何新祥的《广告语言修辞策略》(中南大学出版社 2003 年版)。该书从修辞策略的角度对广告语言进行分析。上篇主要从心理语言学和广告美学角度谈广告营销的策略,下篇主要谈了文字、词语、句式、表达、文体和风格上的修辞策略。

刘艳春的《电视广告语言:类型与创作》(中国经济出版社 2004 年版)。该书从写作学角度论述了电视广告创作的分类,深入研究了电视广告语言的特征,对电视广告语言形式作了较细的分类。

王军元的《广告语言》(汉语大词典出版社 2005 年版)。这是商务语言研究丛书里的一本。作者归纳总结出广告语言的语体特征、辞格运用、语言变异以及句型特点,对广告语言进行了比较系统的分析与描写。

曹炜、高军的《广告语言学教程》(暨南大学出版社 2009 年版)。这本著作是广告学专业广告语言学课程的专用教材。该书共十章,近 50 万字,凡与广告语言有关的层面均有涉猎,讨论细腻,展开充分;涉及广告语言的词汇、句式、辞格、语用、画面、音乐等,是一本教材式的著作。

丁建新的《预知性语言在广告语域的话语分析》(上海外语教育出版社 2007 年版)。作者使用的语料是 100 篇旅游广告,它们组成一个小型的语料库。作者运用系统功能语法理论,重点讨论了旅游广告中习惯搭配词组的人际功能。

2. 国外的研究

国外的广告语言研究开展时间比国内要早。比较重要的有以下一些:

利奇（Leech）的《广告英语》（*English in Advertising: A Linguistic Study of Advertising in Great Britain*, Longman, Green and Co. Ltd., 1966）。利奇考察的是英语广告中作者所使用的语言技巧。他主要分析的是广告的特殊语法。他注意到广告语言许多时候都是不连续的。他对其中的一些特点还作了详细的分析，如功能词（冠词、助动词和代词等）使用频率低、名词多于动词和形容词、名物化多于述谓结构等等。利奇的研究反映的是40多年前英国广告的情况，他的这一专著是关于这一领域的重要参考文献。

戴尔（Dyer, G）的《作为交际的广告语言》（*Advertising as communication*, Routledge, 1982）。戴尔研究了不同广告类型的交际过程和语体特点。他主要运用的是语用学理论来研究广告语言。

托本·韦斯特高和金·施罗德（Torben Vestergaard and Kim Schroder）的《广告语言》（*The Language of Advertising*, Basil Blackwell Ltd., 1985）。该书在探讨语篇和图像关系方面进行了尝试性的工作。他们首先阐述了语篇和画面的关系，从图文结合的角度对广告进行了初步研究。他们所做的工作意义深远，打破了多年横亘在语篇和图画之间的樊篱。

库克（Guy Cook）的《广告话语》（*The Discourse of Advertising*, Routledge, 1992）。库克的研究涉及近年来英国报刊、广告牌和电视媒体上的各类广告。他的研究不只局限于对广告语言的研究，还将视野扩展到与广告有关的许多方面，如音乐、图画以及广告的策划者和接受者。库克的研究最具创造性的是他运用巴赫金（Bakhtin）的理论来分析广告的社会意义。

凯克（Keiko. T）的《广告语言》（*Advertising Language: A Pragmatic Approach to Advertisements in Britain and Japan*, Routledge, 1999）。凯克

运用语篇分析理论中的关联理论并结合语境，对英国和日本的广告进行了较为系统全面的分析。

就目前广告语言研究的成果来看，我们所能列举的具有相对代表性和典型性的著作大抵如此。单篇论文方面的成果虽然在数量上很多，但真正有价值的却较少。

（二）广告、新闻传播学界的研究

新闻传播学界、电视学界、广告学界的研究，多从自己学科角度出发，对于广告语的语体特征则着墨不多。它们对广告语言的研究主要集中在以下几个方面。

1. 对广告播音的研究

张颂的《中国播音学》（修订版，北京广播学院出版社 2003 年版）部分章节讨论了电视广告的有声语言特点。张颂认为，语音研究，尤其是媒体有声语言（包括电视广告语言）的语音研究是语体研究的重要组成部分。不同语体在语言节律上的表现有所不同而且各有侧重。作者专辟一章详尽论述了广告播音的问题，其中着重谈了广告语言研究中普遍被忽视的语调、语气、停顿等广告声音形象塑造问题。

曾志华的《广告配音教程》（北京大学出版社 2007 年版）从播音学的角度对广播电视广告有声语言的创作特点以及类型进行了详尽的阐述，分析了广播和电视广告配音的一些重要问题。是一本从语音方面研究广播电视广告的重要参考书。

2. 对广告词的研究

徐舫州的《电视解说词写作》（北京师范大学出版社 2001 年版）。该书专辟一章阐述了电视广告解说词创作的基本规律，并对电视广告解说词的语言特点作了深入的理论分析。结合大量的创作经验和创作实践,作者详细介绍了电视广告解说词同其他电视手段的配合关系、电视广告解说词在形式上和艺术上的特殊要求、具体的创作步骤和过程,以及创作电视广告解说词时需要注意的问题。

王诗文的《电视广告》(中国广播电视出版社 2001 年版)。该专著在部分章节讨论了电视广告词的创作问题,阐述了电视广告解说词(广告词)的写作特点、种类、作用以及电视广告声画结构配合等问题。

张印平的《电视广告创作基础》(暨南大学出版社 2005 年版)。该书专辟一章论述电视广告语言创作问题。在这一章,作者详细讨论了电视广告词的分类、形式特点以及电视广告语言的特点。

3. 对广告文案的研究

广告学界、新闻传播学界的广告文案研究颇多,成果丰富,其中一个重要成果是叙事学理论被借用来研究广告。

杨先顺《广告文案写作原理与技巧》(暨南大学出版社 2000 年版)论述了不同视角对广告文案创意表现的作用。论述了不同叙事人称的作用:第一人称具有较强的代入感和情景感;第二人称给人一种相互交流的平等感和亲切感,由于第二人称复数的亲近感要比第二人称单数差许多,所以第二人称复数在广告文案中应尽量少用;第三人称给人的距离感也较大,但它能扩大叙事空间,较适合于时空跨度很大的叙述。

李胜梅《修辞结构成分与语篇结构类型》(中国社会科学出版社、文化艺术出版社 2006 年版)从叙事学的理论出发,将广告文案中的叙述视点分为广告主、消费者、产品、广告制作者四类进行论述,并分析了在文案的传递过程中叙述视角的转换。

二、语体研究

语体研究分为语体基本理论和语体分类研究、各种语体言语特点研究。语体基本理论和语体分类研究分为国内和国外的研究。语体言语特点研究包括的语体种类很多,我们仅限于讨论国内的广播电视和电视广告语体研究。

(一)语体基本理论和语体分类研究

1. 国内语体研究

中国学者从20世纪60年代起就开始现代语体学的探讨;80年代之后,语体研究日益受到重视,如张弓、唐松波、程祥徽、黎运汉、袁晖、李熙宗、李佐丰、王德春、刘焕辉、郑颐寿、丁金国、程雨民、刘世生等分别从不同角度对语体进行研究。有不少论著对语体问题进行了阐述,这些研究对语体理论的丰富起了很大作用。

中国华东修辞学会和复旦大学语言文学研究所编的《语体论》(安徽教育出版社1987年版)是一本论文集,这本论文集收集了30多位学者关于汉语语体基本理论、语体分类、应用语体研究的论文,在国内具有一定的影响力。

王德春的《语体略论》(福建教育出版社1987年版)把现代汉语语体分为谈话语体和书卷语体,并从语体的功能、特征、作用、分类等方面探讨了这两类语体。

黎运汉、宗世海的《现代汉语语体修辞学》(广西教育出版社1989年版)讨论了语体的基本理论问题和口语语体、书卷语体的基本特征与修辞特点。该书还讨论了语体的交叉与渗透。

张伯江、方梅《汉语功能语法研究》(江西教育出版社 1996 年版)在第三至五章研究了北京口语的主位结构,并对叙述语体和对话语体的主位标记、主位形式进行了研究。

王德春、陈瑞端的《语体学》(广西教育出版社 2000 年版)运用系统功能语法理论对现代汉语的四种不同语体进行了定量分析,这是西方语言学理论与汉语语体研究的一个很好结合。

袁晖、李熙宗的《汉语语体概论》(商务印书馆 2005 年版),全书共九章,分别论述了谈话语体、公文语体、科技语体、新闻语体、文艺语体、演讲语体和广告语体等不同类型语体的特点。在最后一章,作者还论述了语体的交融与渗透问题。这是一部比较全面深刻论述现代汉语语体的著作。

刘世生、朱瑞青的《文体学概论》(北京大学出版社 2006 年版)认为,就目前的发展情况看,文体学的研究范围大致包括语体学、文学文体学和理论文体学三个方面。语体学研究语言的各种变体。语体研究可以从语音、语相(graphology)、词汇、句子、语篇等层面来进行。

这些专著从不同角度对汉语语体的定义、语体理论、语体分类进行了探讨。以上著作所谈及的语体理论和分析方法对电视广告语体的研究有着重要的参考价值,是我们进一步研究电视广告语体的基础。

除了以上汉语语体的研究外,国内外语学界学者程雨民的《英语语体学》(修订版,上海外语教育出版社 2004 年版)也是比较重要的一部著作。程雨民将英语语体研究分为两个层次:语句层的语体分析和语篇层的语体分析。该专著对于汉语语体研究具有一定的参考价值。

国内外语学界黄国文的《语篇分析概要》(湖南教育出版社 1988

版)对于语体分析也有重要参考价值。该书认为,对某一种语体的语篇分析,可以在语音、词汇、语法、语义、语篇等各个平面(level)上加以全面考虑。但是,由于不同语体语篇的交际功能不同,语篇的表现形式不一样,所以不同语体的语篇有不同的"突出"(fore-grounded)特点,在实际分析中,在各个平面上对每种语体的语篇进行分析往往是不经济的,甚至是不可能的。有些语体的语篇在这一平面最突出,有些语体的语篇在另一平面较引人注目,有些语体的语篇则在某几个平面更有注意价值(value attention)。因此,"在语篇分析中,切实可行的办法是根据具体情况,抓住要点,在几个最突出、最有代表性、与语篇的交际功能关系最密切的平面上进行分析。"

2. 国外的语体研究

国外的语体研究主要集中在法、俄、英、美等国,其中比较重要和有影响的著作有以下一些:

法国语言学家巴利(Charles Bally)创立了语体学。巴利是法语语体研究的奠基人,也是法国语体研究和欧洲语体研究的开路人。巴利在《语体学概论》(1900)和《法语语体学》(1905)中就语体学的任务、对象和方法作了明确阐述。在语体范畴上,他对口语和书面语作了区分。对科技词语、公文用语、文学作品词汇、俚语和句法特点逐一进行了研究。巴利还研究了法语语言手段的修辞分化,包括感情分化和语体分化。

俄国语言学家的语体研究成绩卓著,其研究成果最接近语体概念的本质。他们把语体称为功能风格,即标准语在功能上的类别。而语言手段的功能分化是功能风格的物质基础。其中比较重要的著作有两本——

俄国语言学家格沃兹节夫的《俄语修辞学概论》(李尚谦、赵陵生译,商务印书馆 1959 年版)论述了俄语的语体体系。该书先将语体划分为两大类:公众语体和日常谈话语体,又将公众语体进一步分为事务语体、艺术语体、政论语体和通俗科学语体。此外,根据感染读者的性质,分为庄严语体、公文语体、亲昵语体、幽默语体和讽刺语体。

潘诺夫主编的《俄语与苏维埃社会》把语体分为政论语体、科学语体、公文语体、艺术语体和谈话语体五种,前四种合称书卷语体,与谈话语体相对立,成为较为流行的语体分类体系。每种语体在语言手段上都有区别于其他语体的显著特征,符合语体的本质。

除了以上两位作者之外,俄国学者维诺格拉多夫、科任娜、罗森塔尔等人的语体研究也非常重要。如科任娜的俄语功能修辞学研究在我国国内有一定的影响力。

英美的语体研究较法国、俄国起步晚,英美的研究较多地借鉴了语境理论,比较接近语体的本质。这方面比较重要的著作有以下两本——

韩礼德(Halliday,M. A. K)的《作为社会符号的语言》(外语教学与研究出版社 2001 年版)。在英美的语言学家中,韩礼德的语域理论较接近语体的本质。韩礼德所说的"语域"(register),大致相当于语体。

美国的克里斯特尔和戴维(Crystal and Davy)出版《英语语体调查》(又译为《英语语体探索》,1969)认为,语体学应研究包括功能变体在内的语言的各种变体。克里斯特尔和戴维分析并描写了现代英语的一些变体,如会话、评论、宗教语言、报道语言和法律语言,并提及了科学语言等变体。但是从本质上看,他们分析的变体很广泛,大部分并不属于语体范畴。

（二）各种语体言语特点的研究

1. 广播电视语体研究

广播语体研究比较重要的有以下著作：

吴为章的《广播电视话语研究选集》（北京广播学院出版社 1997 年版）是作者一段时间以来广播电视语体研究成果的汇编，书中收录了作者多篇有影响的论文，这些论文对于广播语体的研究具有指导性意义。

李佐丰的《广播电视语言》（北京广播学院出版社 1998 年版）认为："广播电视语言是一种借助于电子传播技术创造语境、面对广大的个别听众而又无及时反馈的有备性谈话语体。"本书对广播电视语体从词语系统和选用原则、句子成分和造句要求、复句类型和相关联系、句群构成和逻辑照应、篇章结构和衔接手段等五个方面作了分析研究，对标题的作用、种类等也作了梳理。

在电视语体的研究工作中，学者们从不同的角度对它进行了探索。有的学者侧重于对电视语体作一般性的思考，有的学者则侧重于对某种下位语体的思考（如对解说词的研究），有的学者则侧重于从写作的角度来思考。在电视语体研究方面，李佐丰、黄匡宇等比较引人注目。

李佐丰《电视专题片声画语言结构》（北京广播学院出版社 1999 年版）主要对语言和画面之间的结构关系进行了讨论，一改过去脱离画面孤立研究语言特点的方法，这是本书的一大特点。该书的理论建立在符号学、话语语言学等学科基础之上，其研究思想为电视语体的研究提供了一个新的理论框架。"当画面与自然语言组合在一起，实现视听结合时，在画面和解说词之间表现出某种带有规律性的关系，我们称之为‘声画结构’。”为了分析声画结构，作者创造了“声画中心”这个概念。

黄匡宇《电视新闻语言学》（中国广播电视出版社 2000 年版）以电视新闻语言必须遵循科学的规范为引论，把符号学理论引入电视新闻的研究。作者阐明了现代符号学理论与电视新闻语言研究的关联，并指出电视传播符号能指形态的发展历程。全书从第三章开始，对电视新闻语言符号系统构成论等七个方面对电视新闻语体展开深入的论述。

2. 电视广告语体研究

国内外虽然有很多学者从不同的角度，如社会学、语用学、心理学、修辞学等方面探讨广告语言的特点，但是从语体的角度出发，并且以电视广告语体为专门研究对象的研究却非常少见。

屈哨兵在《广告语言方略》（科学普及出版社 1997 年版）的第五章抽样调查了中央电视台 110 条广告的音色、音量和语速。他的分析表明，成年男声、中强音和中速偏快是中央电视台广告在语音方面的主要表现形式，而这种形式可能受操作者文化习俗意义上的性别评价以及消费者的音感评价心理的影响。

陈淑萍的《试论电视广告语言的语境》《电视广告中语境的语义实现功能》和《电视广告语言解读的语境影响》这三篇论文较为系统地论述了电视广告中语言与画面的相互作用和相互关系。作者认为电视广告中的画面是一种重要的语境，电视广告语言的理解与生成必须要结合语境。

余睿的论文《从合作原则看现代电视广告语》从语用学合作原则

的角度对电视广告语言进行了分析。研究表明,广告商对合作原则的遵守和违反的选择是因为其对不同的宣传目的、不同的产品以及不同的潜在消费群体的考虑。

甘美的硕士论文《论中文电视消费者广告中的预设运用》是一篇基于语用学理论的研究。作者对收集的110条汉语电视广告语料中的预设现象进行分析,归纳出汉语电视广告语篇的15种预设触发语。

柳春燕的硕士论文《衔接理论下电视广告语篇的解读》将电视广告语篇作为重点研究的对象。文章运用韩礼德、哈桑的衔接理论,分别从语法、词汇、语音等方面来考察其衔接机制。

三、当前研究中存在的问题

第一个问题,广告学界、新闻传播学界的研究,侧重于广告的策略、创意、手段、市场调查与信息反馈等,对于广告语的语体特征着墨不多。已有语体研究主要基于书面语和口语的研究,对于异于传统的书面语与口头语的电视语体研究较少,而对电视语体的分语体——电视广告语体的系统研究则更少。电视广告语体的研究属于学术前沿课题,前人尚未研究过,加上这一课题不仅内容多,而且涉及语体学理论、语言与画面关系、语篇分析理论、符号学理论等诸多问题,较为复杂,因此这一研究具有较大的难度。

第二个问题,已有的电视广告语言绝大部分是定性的分析,研究者大都是在没有足够语料的情况下进行的一些非常零散的研究。由于没有充分的语料作基础,得出的结论往往不一定可靠,从而很难对电视广告实践产生有意义的指导。为此,我们迫切需要一个建立在比较坚实基础上的,有可靠和充分语料保障的电视广告语体系统研究。

第三节　研究思路、创新性和研究方法

一、研究思路

对一种语体的考察，应该从外部因素和内部因素两方面来探讨。外部因素是交际环境的特点，即交际目的、任务、领域、场合、条件和方式等，这是语体形成的制约因素；内部因素是语言的特点，即在交际环境特点的制约下，为实现特定的语体功能而使用的区别性特征，这种区别性特征体现在具体的语言表达形式上，包括语音特征、词语特征、句类特征、篇章特征等。本书中，我们主要研究电视商业广告语体的语音、词语和句类特征。

第一部分是电视广告的语音研究。这一部分研究电视广告的音色的性别因素、平均语速、句子的节奏模式和押韵。

第二部分是电视广告的代词研究。这一部分研究电视广告的人称代词和指示代词。

第三部分是电视广告的句类研究。这一部分研究电视广告的祈使、感叹、疑问三种句类的类型及各种产品电视广告和各种语体中的同一种句类的使用频率。

因为有 26 万字的电视广告语言文本作为语料，所以我们的研究建立在较扎实的基础之上，我们的研究结论具有充分的科学性。这些语料“在语言研究中的一个重要作用就是可以为研究者提供更一般的、经验的语言数据，这些经验数据可以使语言学家做出的结论更客观”。由于对“语言事实的观察是可以定量统计的”，研究中可以避免

对某种语言现象使用“频度和罕见度的主观臆测”。[①]

二、创新性

本研究的创新性有三点。

第一，目前尚没有人从语体角度对电视广告进行过系统研究。这一课题在前人研究的基础上进一步扩大语体研究范围、拓宽语体理论空间，对完善语体的体系性研究具有积极意义。

第二，电视广告以声画双通道诉诸人的听觉和视觉，对于电视广告语体的研究不应脱离电视的这一重要特征。本书对电视广告语音特征进行了较为详尽的分析，并解析了这些语音特征产生的原因。另外，本书还对电视广告的声画语言结构进行了初步讨论；从指代词的角度研究了电视广告语言与画面之间的照应关系和直接指示类型。这些研究将明晰我们对电视广告语体特征的认识。

第三，电视广告语体中词语（指代词）和句类的研究，可以深化现代汉语语法的研究。马庆株在《汉语动词和动词性结构》一书序言中曾指出：“语法这门学科应是具有可验证性的比较精密严格的学科，而不应该是随意的。”任何研究都应该是“具有可验证性的”和“比较精密严格的”，包括电视广告语体的研究在内。应该说，现代汉语任何言语现实都是以一定的语体面貌出现的，要深刻认识现代汉语，不可能撇开语体。语法研究也是如此。

三、理论价值和实践意义

该研究的理论价值主要有以下四点：

---

① 黄昌宁、李涓子：《语料库语言学》，商务印书馆 2002 年版，第 153～156 页。

其一，该研究丰富了语体学尤其是广播电视语体研究的内容。目前，广播电视语体的研究还处于理论探索阶段，比较系统的理论体系还没有建立，具体的低层次研究成果不多。对于广播电视语体而言，最欠缺的不是对一般规律的概括，而是对各类实际存在的分语体的分析和描写。① 本书就是一次尝试低层次的研究。低层次是高层次研究的基础，能为构建广播电视语体体系提供一些基础性的研究成果。

其二，本书在已有研究的背景下，以语体学为切入点，结合传统语音学、现代汉语语法学、系统功能语言学理论和语篇分析理论对电视广告语体进行系统研究，这将有助于我们发现电视广告语体的特点，有助于我们从一个全新的角度合理且充分地理解、阐释电视广告语体。

其三，丰富了传媒语言的研究内容。电视广告这种大众传媒语言是语言学研究的主要题材之一。对电视广告语体的研究既可以丰富语言学的研究，也可以丰富传媒语言的研究。从语音、词语、句类等不同的语体层面研究电视广告语体是研究传媒语言特性的重要方法之一。本书的研究将是对电视广告这种传媒语体理论的深化。

其四，深化了广告学的相关理论。本书从语言学的角度出发，对广告理论中的"AIDMA"模式②（美国广告学家 E. S. Lewis 在 20 世纪初提出）进行了初步探索。研究认为，"AIDMA"模式在电视广告语体中突出地表现在语音和句类的使用上。具体说来就是：语音上表现为

---

① 吴为章：《广播电视话语研究选集》，北京广播学院出版社 1997 年版，第 21 页。

② "AIDMA"是五个英文单词首字母的缩写，其中，Attention：引起注意；Interest：产生兴趣；Desire：产生欲望；Action：促成行动。后来，学者们又为这个模式增加了一个要素：Memory（记忆），成为"AIDMA"。详见聂鑫：《影视广告学》，文化艺术出版社 1999 年版，第 53 页。

句子的合辙押韵和节拍的整齐对应;句类上表现为感叹、祈使、疑问三种句类的频繁使用。

该研究的实践意义主要有以下两点:

第一,有助于指导电视广告语言创作实践。本书从实际语料出发,从语音、词语、句类等方面对电视广告语体进行了分析,寻找电视广告语言表达的规律,最终把这些语言材料的分析落实到电视广告语言运用的实践中,有助于解决电视广告创作中存在的问题,从而给予从业者以指导。

第二,有助于指导广告语言教学实践。本研究所做的工作具有很强的针对性,语料均来自各大电视台播出的广告节目,这些语言材料和相应的音像资料都可以作为教学的辅助工具,运用到具体的广告语言教学实践中,指导相关的教学。

四、研究方法

第一,多层次、多角度的研究方法。我们采取了动态与静态相结合的原则、宏观分析与微观分析相结合的原则、定性分析与定量分析相结合的原则、描写与解释相结合的原则。先从微观的描写入手,分析语体各要素的使用情况,从宏观角度指明电视广告节目语言使用的总体特点;分析语体各要素使用频率的情况,并透过这种数量表象分析"质"的变化;不只是对语言现象进行描述,还对其形成原因做出解释;不仅对静态文本予以细致的分析,还考察电视广告语言在交际中的使用情况。

第二,综合运用多学科理论。本研究属于语体学研究范畴,除了语言学理论之外,还借鉴了广告学、传播学、播音学等相关研究成果,对电视广告语体的整体面貌和形成原因进行了全面分析。

五、语料说明

我们通过电脑转录的方法,采集了全国主要电视台的商业电视广告共5 143条,转录电视广告语言共计时长 99 365 秒,字数共计 265 650 个。这些语料涉及 17 大类产品,涵盖了人们社会生活的方方面面。覆盖全国 80 家国家级和省级卫星电视台,并且确保覆盖主要厂商的所有广告节目。语料具有相当的广泛性、代表性和真实性,语料收集时间跨度从 2007 年 7 月 1 日到 12 月 31 日。具体关于电视广告采集来源、电视广告语料涉及产品细节目录类型和电视广告语料语言字数分布情况详见表 1 - 1、表 1 - 2 和表 1 - 3。

表 1 - 1 电视广告语料采集来源

全国(15 套)	北京(10 套)	上海(13 套)	广州(16 套)	卫视(26 套)
CCTV - 1(综合频道)	BTV - 1(综合频道)	上视东方卫视频道	广东卫视	广西卫视
CCTV - 2(经济生活服务)	BTV - 2(文艺频道)	上视新闻综合频道	广州电视台经济频道	河南卫视
CCTV - 3(综艺频道)	BTV - 3(科教频道)	上视生活时尚频道	广东电视台珠江频道	湖北卫视
CCTV - 4(国际频道)	BTV - 4(影视频道)	上视电视剧频道	广东电视台体育频道	湖南卫视
CCTV - 5(体育频道)	BTV - 5(财经频道)	上视第一财经	广东电视台公共频道	重庆卫视
CCTV - 6(电影频道)	BTV - 6(体育频道)	上视体育频道	广东南方电视台一套	四川卫视
CCTV - 7(少军科农频道)	BTV - 7(生活频道)	上视纪实频道	广东南方电视台二套	贵州卫视

续表

全国(15套)	北京(10套)	上海(13套)	广州(16套)	卫视(26套)
CCTV-8(电视剧频道)	BTV-8(青年频道)	东视新闻娱乐频道	广东南方电视台三套	云南卫视
CCTV-9(纪录频道)	BTV-9(新闻频道)	东视文艺频道	广东南方电视台四套	宁夏卫视
CCTV-10(科教频道)	BTV-10(卡酷少儿频道)	东视音乐频道	广东南方电视台五套	江西卫视
CCTV-11(戏曲频道)		东视戏剧频道	广东南方电视台六套	江苏卫视
CCTV-12(社会与法频道)		东视电影频道	广州电视台电视频道	山东卫视
CCTV-13(新闻频道)		上海教育电视台	广州电视台新闻频道	浙江卫视
CCTV-14(少儿频道)			广州电视台竞赛频道	河北卫视
CCTV-15(音乐频道)			广州电视台影视频道	山西卫视
			广州电视台生活频道	黑龙江卫视
				辽宁卫视
				甘肃卫视
				吉林卫视
				天津卫视
				新疆卫视
				内蒙古卫视
				陕西卫视
				安徽卫视
				福建东南台
				旅游卫视

表 1-2 电视广告语料涉及产品细节目录类型

电子	文化传媒	家居用品	家用电器	电信服务	酒类
台式电脑	报刊	装潢材料	空调	移动业务	啤酒
笔记本	图书	厨卫设备 洁具	电视机	固话业务	葡萄酒
服务器	影视剧	热水器	洗衣机 干洗机	数据业务	白酒
软件	比赛/文化活动/展览	家具	小家电		
数码产品		电池	电冰箱		
移动电话			微波炉		
电脑配件及外设			影音器材		
网络产品					
网络服务					
房地产	旅游航空	金融保险业	洗化类	食品饮料	医药保健
公寓	航空公司	银行业务	洗涤类 （洗衣粉等）	休闲食品 （饼干、糖等）	保健食品
别墅	旅游组织	保险业务	口腔清洁及护理	碳酸饮料	中药
商铺	旅行社与旅游路线	证券基金	皮肤护理	非碳酸饮料	西药
商务楼	宾馆酒店		头发洗护用品	功能性饮料	医院及诊疗服务
中介服务	公园/游乐园		沐浴用品 （含洗面奶）	乳制品 （含奶粉）	
			女性化妆品	冲饮	

续表

电子	文化传媒	家居用品	家用电器	电信服务	酒类
			香水	方便食品	
			美容美体用品	佐餐食品	
服饰时尚	交通工具	零售服务	个人用品	工业及工商服务	
时装	轿车	餐饮服务	卫生巾/卫生棉	商业会展	
西装	越野车	生活服务	金银珠宝	文具	
内衣	货车	零售业	钟表	快递/运输	
运动休闲	摩托车		眼镜	工业材料设备与用品	
皮装	非机动车（含助力车）			各类工商服务	
童装	汽车服务（含销售）				
鞋帽饰品	汽车配件用品				

表 1－3　电视广告语料的语言字数分布情况表

产品类目	数量（条）	广告数量所占百分比	字数（个）	每条广告平均字数
电信服务	91	2%	5 536	61
电子	198	4%	10 721	54
房地产	128	2%	7 618	60
服饰时尚	302	6%	7 912	26
个人用品	255	5%	13 574	53
工业用品及工商服务	283	6%	13 256	47
家居用品	365	7%	12 710	35
家用电器	39	1%	1 071	27
交通工具	250	5%	8 580	34

续表

产品类目	数量(条)	广告数量所占百分比	字数(个)	每条广告平均字数
金融保险业	97	2%	3 530	36
酒类	225	4%	6 601	29
零售服务	348	7%	22 563	65
旅游航空	127	2%	5 318	42
食品饮料	662	13%	26 771	40
文化传媒	753	15%	64 487	86
洗化类	455	9%	28 316	62
医药保健	565	11%	27 086	48
总计	5143	100%	265 650	52

从收集的语料来看,这些电视广告几乎囊括了近几年来我国电视广告界所有的产品和服务,具有相当的普遍性和代表性,所以本研究具有相当的可靠性和信度。我们研究的对象主要是电视广告的有声语言部分,而电视标版广告①是以字幕形式出现的,故而在所收集的电视广告语料中剔除了这一部分电视广告。

① 电视标版广告是指在电视后期制作时将广告固定在节目带上并随节目在各电视台播出而进行广告传播的一种形式。目前随片标版广告一般以 3/4 居中彩屏,长度 5 秒动态标板的形式在每集电视剧或节目的片尾出现。它常出现的位置为电视剧剧情或节目结束后及演职人员字幕出现前,背景音乐为电视连续剧或节目主题音乐及歌曲,不含任何企业广告声音随片尾主题曲同步播出。

第二章　电视广告的语音

第一节　引　言

本章我们主要借鉴传统语音学的分析方法对电视广告的音色性别因素、平均语速、句子的节奏模式和押韵进行研究。在讨论之前，我们先对语音与电视广告语体的关系以及本章所涉及相关理论进行一个简要的描述。

研究电视广告语体，不能忽略语音。语音研究，尤其是媒体有声语言（包括电视广告语言）的语音研究是语体研究的重要组成部分。“但是，人们对语言节律的认识往往仅停留在感性的层面，尚缺乏理性的分析和概括，未能真正把握其运动规律，使它发挥出应有的作用。”[①]电视广告语言中由各种语音手段所携带的大量信息无法用文字充分表达出来，电视广告语言中的许多言外之意往往只能凭借语音手段来表达。由于电视广告不具有复读性，为了克服在媒介传播中可能受到的干扰，电视广告在播出过程中必须调动各种语音手段（包括音色的性别因素、

① 李晓华：《新闻播音节律特征研究》，中国传媒大学出版社 2008 年版，第 10 页。

语速、句子的节奏、押韵等)来保证话语的可懂度和清晰度。语音手段调动得越充分,表达效果(清晰性和生动性)越好。

语音同其他声音一样,具有音高、音强、音长、音色四种要素,这四种要素是不可分割的。音高、音强和音长属于语音的韵律特征,可以合称为音律,与音色相对。[1] 本章讨论的男女性别声音属于音色的研究范围;平均语速、句子的节奏模式和押韵属于音律的研究范围。

本章中,我们主要采用传统语音学的分析方法,因为"无论是音质(音色)成分还是超音质成分,都可以从发音、声波或听觉三种不同角度做进一步分析,对它们进行切分和分类。传统语音学对音质(音色)成分的进一步分析主要是从发音体、发音部位和发音方法入手,对超音质成分主要是从主观的听觉入手。这种传统语音学的方法今天看起来虽然不十分精密,但能比较概括地说明各种语音现象;沿用这种方法,比较简便,也能体现出语音学研究的继承性。"[2]

第二节　电视广告中音色的性别因素

这一节我们从"性别刻板印象"理论出发,讨论电视广告语言中由男女不同性别发音体所形成的音色分布特点。

一、音色及音色的性别因素

黄伯荣、廖序东和邵敬敏等学者都认为:音色,指的是声音的特

① 邵敬敏:《现代汉语通论》(第二版),上海教育出版社 2007 年版,第 13 页。

② 超音质成分由音高、音强和音长三部分组成。从声波特性来分析超音质成分最为准确:根据基频确定音高,根据振幅确定音强,根据时间确定音长。但就一般应用来说,根据说话人的主观估计来分析也可以够用。参见林焘、王理嘉:《语音学教程》,北京大学出版社 1992 年版,第 31 ~ 32 页。

色,也叫音质、音品。音色的差别主要取决于物体振动所形成的音波波纹的曲折形式不同。音色的不同是由发音体、发音的方式及其共鸣器形状的不同来决定的。在任何语言中,音色无疑都是用来区别意义的要素。①

广告语言的音色主要研究其在声像媒体的传播过程中,由不同发音体、发音方式来决定的各种有特色的语音。随着电视广告任务、广告对象及广告创意的不同,广告主常常选择不同的音色来表现具体内容。由不同性别、年龄、数量的发音体形成的音色,如男声、女声、童声、青年声、老年声、单声、合声等,它们彼此配合,可以使音色成为广告语音传播最重要的表现手段。本节中,我们仅研究由男女不同性别发音体所形成的音色在电视广告中的分布特点及形成原因。因为由不同性别的发音体形成的音色彼此配合,是广告语音传播中最重要的表现手段。②

男女在言语方面的差异一直是语言学家感兴趣的问题之一。作为一种语言的社会变体,男女语言差异也许是人类语言差别的最古老形式。在世界许多语言中,性别差异都普遍存在着。电视广告中的男女性别差异所形成的男女性别声音音色差异也是电视广告中普遍存在的一种现象。

萨丕尔-沃尔夫假说(Sapir-Whorf Hypothesis)认为:语言不仅仅是社会的产物,它还能反过来影响人的思维与精神构建。根据这种观点,语言学家们相信,在宗法、等级制度所制约的文化环境中的语言,它所反映的是男性世界图景中的本质内容。表现在具体的语言事实上,即在许

---

① 黄伯荣、廖序东:《现代汉语》(增订三版),高等教育出版社2002年版,第22页;邵敬敏:《现代汉语通论》(第二版),上海教育出版社2007年版,第13页。

② 徐玉敏、宫日英:《广告语言分析》,中国物资出版社1988年版,第49页。

多语言中都有视男性语言为本体，以女性语言为变体的偏向。[①]

陈建民曾经说过："同样一句话，男孩儿和女孩儿说出来的味儿就不一样。女孩儿说出来婉转、甜腻、动听，男孩子说出来直率、强劲、单调。"[②]

以上看法反映了两性音色确实有很大的不同，也反映出人们对两性声音形象的刻板印象。在电视广告有声语言创作中，性别差异体现在音色上的不同对于电视广告传播效果将会有一定的影响。

美国传播学分析家瓦伦丁（Carl Ann Valentine）和达米安（Banisa Saint Damian）在20世纪80年代分析了墨西哥和北美电台的播音，分别找出两个不同地域的人所认为的最好听的男性声音和女性声音，结果发现对最好听的男性声音判断标准，两个地区几乎没有什么差别，但是对女性声音的判断则差别很大。他们认为最理想的声音可以归结为以下两点：

（1）最理想的声音应该比所选出的男性理想声音稍高，低于他们所选出来的理想女性的声音。所谓的理想声音更接近于男性声音。

（2）最理想的声音比所选出的理想的男性声音更柔和一些，比所选出的女性声音要再响亮一些。也就是说，最理想的声音从音量上讲更接近男性。

这一分析表明：男性声音比女性声音更接近理想的声音，富有男性特征的声音是理想声音。具备这种特征的广播电视声音可以更多地呈现出权威性、知识渊博、富有力量的特点。[③]

---

① 赵蓉晖：《语言与性别：口语的社会语言学研究》，上海外语教育出版社2003年版，第50页。

② 陈建民：《汉语口语》，北京出版社1984年版，第55页。

③ Valentine, C. A., Saint Damian, B., *Gender and Culture as Determination of the Ideal Voice*, Semiotica 71, 3/4, 1988, pp. 285～303. 转引自孟伟：《声音传播——多媒介传播时代的广播听觉文本》，中国传媒大学出版社2006年版，第61～62页。

二、性别刻板印象

电视广告传播中男性和女性声音音色上的差异，和广告学上的“性别刻板印象”(Gender Stereotype)理论有很大关系。性别刻板印象是指通过人物传载广告信息，并在人物的性别与产品之间建立某种关联，进而对广告信息的加工产生影响。[①] 已有研究表明，广告中存在性别刻板印象，其主要表现为：广告中男性声音更多与“科学性、生产性、权威性”产品相匹配，而女性声音常与“生活性、消费性、服务性”产品相联系，体现着“男主外，女主内”“男主女附”的传统观点。电视广告的内容分析结果表明，女性声音通常被认为是消极的、依赖性的、顺从的、情绪性的，而男性声音则被认为是强壮的、支配性的、理性的、独立积极的。

社会心理学家将性别刻板印象看作加工信息及组织记忆的一种图式类型。也就是说，人们总是无意识地通过性别类型和性别图式，来组织、记忆和加工发生于其周围的与性别角色特征有关的信息。电视广告的目的是增进受众记忆、促进产品销售，利用不同性别的声音播出不同的电视广告，以契合受众的性别类型和性别图式，使得受众更容易记住和理解电视广告内容，从而达到更好的传播效果。

三、电视广告中男性和女性声音分布特点

根据语料统计，男性声音是电视广告中的优势音色，占性别音色统计总数的70%，女性声音占30%，男性声音是女性声音的两倍多。

---

① 王沛：《广告心理效果与评价》，科学出版社2008年版，第69页。

相比于屈哨兵1997年的统计，现阶段的电视广告在男性和女性声音分布上表现出女性声音所占比例有所增加，男性声音有所下降的趋势，但是男性声音的主体地位并未被动摇。①

我们发现电视广告中由男女性别不同发音体形成的音色分布特点是：男性声音占主体；女性声音居于附属地位。电视广告中男性和女性声音的分布特点与广告“性别刻板印象”原则和广告产品类型有关。

为了便于分析，我们把电视广告中的音色分为单一式和混合式两种类型。单一式指全由男性声音播出的或全由女性声音播出的电视广告，混合式指男女声音混合播出的电视广告。下面我们分别予以讨论。

（一）单一式

王沛的研究表明，每一个广告的受众从性别上看，只有男性和女性两种。所以，“广告内容应该显示什么、广告诉求的声音应该采用男声或女声就可以在确定了广告受众的性别之后，将广告的内容、广告的声音诉求方法适合于相应性别的目标受众。这样广告的效果将会大大提升。”②

1.全由男性声音播出

语料中的“房地产”“交通工具类”“酒类”等电视广告产品一般选用男性声音播音。

［2－1］男声（旁白）：每个人都是一座山，世界上最难攀登的山，

① 电视广告语料中，男性声音音色在电视广告中所占的比例约为70%左右，这个数字低于屈哨兵1997年抽样统计的78.86%。详见屈哨兵：《广告语言方略》，科学普及出版社1997年版，第293～294页。

② 王沛：《广告心理效果与评价》，科学出版社2008年版，第72页。

其实是自己。往上走,即便一小步,也有新高度。人生就像登山,很多时候,遥看目标,似乎高不可攀,其实每向前一步,我们也就距离目标更近一步。每个人不管多么平凡,只要真诚付出努力,都能够到达比想象更高的高度。人生没有爬不过的山,重要的是行动,认准目标之后,便脚踏实地向前,每一步,都是人生新的目标。做最好的自己,我能。(CCTV -1,2007 年 7 月 30 日)

这条①电视广告由房地产商王石代言,以一个中年男性低沉有力的配音形式进行广告诉求。配音抑扬顿挫,时有间歇,语速、语调恰当,非常切合整体。通过城市路面背景中王石的身影、建筑物、城市天桥下车水马龙的画面,王石团队工作和生活的一系列画面组接,配合深沉有力的旁白,把王石多次挑战极限、攀登高峰的精神通过声音体现出来,以引起观众的共鸣。通过男性声音将"我能"的广告口号进行有效的具体化,使得整个广告创意和广告品牌内涵得到充实。

我们来看两条汽车类的电视广告:一条是宝马 BMW5 汽车电视广告,另一条是克莱斯勒汽车电视广告。

[2 -2]男声(旁白):平衡生和谐与天地万物,平衡聚能量以内外兼修,平衡得双赢智慧至胜商道。花平衡之力构建前后轴 50 比 50 重量分配,令新 BMW5 系长轴距版,操控从容自若。(CCTV -2,2007 年 11 月 15 日)

[2 -3]男声(独白):豪华六感,观、驭、品、容、鉴、享;眼界决定世

① 电视广告学界一般把电视广告数量称作"支",如:一支电视广告、两支电视广告等。本书中,我们沿用语言学界的称呼习惯,用"条",而没有使用"支"。

界,克莱斯勒豪华领航版全新登场。(CCTV－6,2007年11月10日)

宝马BMW5汽车、克莱斯勒汽车都是价格不菲的商用汽车,它的目标受众主要定位为商界的企业家。这两条电视广告都用中年男性声音播出,缓慢、沉着、冷静的男性声音之中透露出自信与自豪、显示出尊贵与气势。如果这两条广告用女性声音来播出,效果就会差很多。

我们再来看两条酒类广告:一条是牛栏山二锅头,另一条是五粮液酒。

[2－4]男声(旁白):二锅头300年,源自牛栏山里面。牛栏山经典二锅头,牛栏山珍品30年。正宗二锅头,地道北京味。牛栏山,中国驰名商标。(BTV－4,2007年10月12日)

[2－5]男声(旁白):质量是五粮液永恒的主题。每一瓶五粮液的诞生,从原料选购到成品酒的出厂,经过36道防线层层把关。长江源头的自然生态环境,十里酒城的酿造规模,精选五种粮食,和谐配方,至今仍在使用的明初老窖,独具自然的酿造工艺,各味协调,恰到好处,尤以酒味全面而著称。质量铸就五粮液和谐完美品质。中国的五粮液,世界的五粮液。(CCTV－10,2007年9月2日)

上面两条电视广告均由男声旁白道出。这是因为酒类电视广告的目标受众一般都是男性。例[2－4]选用了一个激昂、高亢的男性声音用较快的语速播出,语气亲切。例[2－5]选用了一个中年男性声音,语调舒缓、语速缓慢、一字一顿,有力地表现了五粮液的悠久历史和不凡品质。选择男性音色,一方面是因为商品的一般使用者是男性;另一方面,和广告学中的“性别刻板印象”理论有关。

以上所说的男性产品由男性声音播出的情况也非绝对，也有用男性声音播出的女性产品广告。在众多宣传女性用品的广告里，广告不仅将女性自身作为描绘的重点，更倾向于把女性置于男性的审视之下。男性赞许、认可的目光成为衡量女性美的标准。在这些广告的声音选择上，一般均选择男性声音。以下面这条广告为例：

[2-6]男声（旁白）：时尚、高雅、动人、不只是吸引——浪沙丝袜。（CCTV-8，2007年10月1日）

该例中，电视画面上一位穿着超短裙的年轻女郎手拎购物袋，优雅自信地从几位男士身边走过，引得他们回头凝望，男声旁白同时说出广告语。

2. 全由女性声音播出

男女性别音色分配上的选择，是因为具体的广告项目对音色有所要求。语料中的“洗化类”“服饰时尚类”“日常生活类”的电视广告产品中，女性音色的选择较为集中（虽然其绝对音色选择数还是不及男性），这同样也遵循了商品或服务消费者的“性别刻板印象”理论。

我们来看一些以女性声音音色播出的电视广告。例如：

[2-7]女声（旁白）：圆圈给人一种安全感，就像全新护舒宝超值系列。它的三重防漏圈重重圈住突然涌出的流量，防止百分之九十五的侧漏。侧漏就不用担心啦！护舒宝时刻保护我，我时刻保护它。全新护舒宝超值系列，长一点，再长一点，夜用增至28厘米，只要3块钱。（CCTV-1，2007年10月27日）

[2-8]女声(独白):想要水晶果冻般的肌肤? OLAY 活肤精华霜配方,含芦荟活肤液,帮助减少细纹和干纹,让肌肤细嫩平滑。OLAY 活肤精华霜,冬天肌肤不再怕干燥。OLAY 滋润霜含长效滋润因子,滋润由内至外持续一整天,肌肤整个冬天都柔滑润泽,OLAY 滋润霜系列。(湖南卫视,2007 年 11 月 24 日)

在上面两条电视广告中,例[2-7]是女性卫生用品广告,例[2-8]是女性化妆用品广告。这两种产品的目标受众均为女性,两者都使用一种清新、婉丽、舒缓的中速女性声音音色来播出,表现出女性的体贴、细心。

我们再来看另外两条电视广告。例如:

[2-9]女声(独白):雅士利金装配方奶粉营养全面升级,为宝宝健康成长提供充足动力,体力升级,智力升级。爱心雅士利,健康添活力。(安徽卫视,2007 年 10 月 17 日)

[2-10]女声(旁白):睡熟了就只是安静地躺着,其实这些都是我熟睡的标志。只有在没有尿湿的夜晚,我才会睡得如此香甜。新超薄干爽,添加更多超强锁水粒子,帮宝适让小屁屁整晚远离尿湿,睡得干爽,一逗就乐了。新帮宝适超薄干爽。(BTV-5,2007 年 11 月 11 日)

例[2-9]的雅士利奶粉电视广告和例[2-10]的帮宝适纸尿裤电视广告,都用女性声音播出,语速适中,语气轻柔舒缓,表现出说话人强烈的母爱。这与“男主外,女主内”的“性别刻板印象”密不可分。

（二）混合式

上面谈到的是全部由男声或女声单独进行广告播音的形式。电视广告中还有一种男女声混合播出的形式。这类电视广告，是男声和女声交替出现，各效其力。电视广告中的男女声混合播出情况可以是几句话换一种声音，也可以一句话，甚至一个词组换一种声音，这种交叉转换，可以形成独特的广告传播效果。

在混合声音播出的电视广告中，我们发现，"电视广告语言的结束语（也即电视广告口号）作为广告中画龙点睛的部分，更多地由男性发起。由此可见，男性声音在电视广告中比女性声音使用更多，地位更高。"①在混合声音播出的电视广告中，绝大多数画外音都是男性声音。约翰·罗西特在研究澳大利亚电视广告的播音特色时也发现：接近 80% 的电视广告都使用男声作为画外音，甚至当其他的角色全是女性时也是如此，原因就在于男声比女声更能吸引人们的注意力；而且一般来说，男声被认为其紧张化和情绪化比较低，而逻辑性更强，所有这些都能增强电视广告的说服力。例如：

[2－11]女声（独白）：工作中，我发现追求真相的重要。生活中，我发现追求健康的重要。

男声（旁白）：世界公认，让美食营养更均衡。金龙鱼第二代调和油，1∶1∶1，黄金营养比例。

女声（独白）：均衡营养，让我们既享美食，又赢得健康。享受健康，享受生活，就是这么简单。

① 王沛：《广告心理效果与评价》，科学出版社 2008 年版，第 75 页。

男声（旁白）：金龙鱼，让美食更健康。让我们一起为健康加油。（广东卫视，2007 年 8 月 26 日）

这条电视广告采用了画外音与形象代言人的声音交错进行的形式。代言人是女性，旁白选取一个中年男性，女声和男声交替进行，营造了一个温馨的家庭氛围，赋予产品人性化特点，很能打动观众的心，达到促进商品销售的目的。广告中的女性声音表现出一种职业女性的成熟和亲切，男声音色沉着、冷静，两者前后呼应，各得其所，很好地完成了广告的诉求。

相比于其他电视节目的男女声音分布情况（比如电视新闻类节目中，男女声音分布基本上是相当的），电视广告中男性声音占主体、女性声音居于附属地位的特点，使其成为电视广告节目中性别音色的特征之一。

第三节　电视广告的平均语速

一、语速及语速段的划分

《现代汉语词典》（商务印书馆 2012 年第 6 版）"语速"词条唯一的义项是"说话的速度"。《现代汉语规范词典》（外语教学与研究出版社、语文出版社 2004 年版）则比《现代汉语词典》多了一个义项，即"单位时间内播出音节的多少"。显然，我们说的"语速"指的是后者。再具体点，就是："在一分钟内，一个人所说出的话的音节数量。""语速"这个概念，更符合普通人对音节时长的听觉感受。音节时长和语速呈反比例关系:音节时长越长,语速越慢;音节时长越短,语速越快。①

根据有关学者的统计,一般情况下,正常语速约为244字/分钟,也就是4.08字/秒。② 我们在此讨论的就是电视广告的平均语速。依据孟国的统计分析,我们制定出快、慢、中三个语速段的标准作为电视广告平均语速段的划分标准。见表2-1。

表2-1 电视广告语速段划分标准

小于2.5字/秒	2.5~3.0字/秒	3.0~3.31字/秒	3.31~3.65字/秒	3.65~4.48字/秒	4.48~5.0字/秒	大于5.0字/秒
慢速	较慢语速	接近正常语速	较慢正常语速	适中正常语速	较快正常语速	较快语速
慢速段			正常语速段			快速段

从表2-1我们可以看出,所谓快速、正常语速、慢速三个语速段的分割都是相对的,不是绝对的,三个语速段之间没有十分严格的区分,是一个比较模糊的切分标准。我们看到慢速段包括:慢速、较慢语速、接近正常语速三个语速段,范围是小于3.31字/秒的语速;正常语速段范围是3.31字/秒与5.0字/秒之间,又分为三个速度段:较慢正常语速、适中正常语速、较快正常语速;快速段则是大于5.0字/秒的语速。

① 叶军:《普通话音节结构再分析——从韵律研究的角度》,《华东师范大学学报》(哲学社会科学版)2007年第4期。

② 本研究的语速统计字数实际上是音节数,但是,我们的文字表述仍沿袭人们用“字”而不用“音节”的传统做法,即用“字/秒”,而不用“音节/秒”。在本研究的调查和统计中,字数保留到个位,分钟保留到小数点后两位,采取四舍五入的原则。另外,一个人的语速往往由多种因素决定,其中“性格”起很重要的作用,比如性格外向者往往语速较快,但我们的调查很难将这些内容量化,无法体现这一点。因此,调查的结果也是相对的。参见孟国:《汉语语速与对外汉语听力教学》,《世界汉语教学》2006年第2期。

二、不同语体的平均语速统计

我们先对不同电视节目的平均语速进行比较，然后再对不同产品的电视广告在各个语速段的分布进行统计。表2－2[①]是不同电视节目语体的平均语速比较结果。

表2－2　不同电视节目语体的平均语速比较

语体类型		平均语速（字/秒）
电视语体	电视采访节目	4.97
	电视主持节目	4.93
	电视体育现场直播节目	7.40
	中央电视台新闻节目	4.51
	电视广告节目	4.13

三、不同产品类型广告的平均语速统计

我们再对不同产品类型广告在各个语速段的分布进行统计，结果如表2－3：

表2－3　各种产品类型广告的语速段所占比例

范围	小于2.5字/秒	2.5～3.0字/秒	3.0～3.31字/秒	3.31～3.65字/秒	3.65～4.48字/秒	4.48～5.0字/秒	大于5.0字/秒
语速段	慢速			正常语速			快速
产品类型	慢语速	较慢语速	接近正常语速	较慢正常语速	适中正常语速	较快正常语速	较快语速

① 该表其他语体平均语速统计数据来源于孟国：《汉语语速与对外汉语听力教学》，《世界汉语教学》2006年第2期；中央电视台新闻节目播音平均语速统计来自吴洁敏、朱宏达：《汉语节律学》，语文出版社2001年版，第398页。

续表

产品类型	慢语速	较慢语速	接近正常语速	较慢正常语速	适中正常语速	较快正常语速	较快语速
电信服务	18.68%	12.20%	11.59%	8.40%	10.99%	12.09%	26.05%
电子电脑	31.82%	7.58%	7.07%	5.05%	9.60%	10.10%	28.79%
房地产	28.13%	12.50%	9.38%	3.13%	18.75%	12.50%	15.63%
服饰时尚	33.77%	10.93%	5.63%	5.63%	15.56%	10.93%	17.55%
个人用品	27.84%	5.49%	7.06%	5.49%	18.04%	8.24%	27.84%
工业用品及工商服务	19.43%	8.48%	3.89%	3.53%	14.84%	10.95%	38.87%
家居用品	16.99%	8.77%	5.21%	9.04%	17.26%	15.34%	27.40%
家用电器	23.08%	10.26%	5.13%	15.38%	5.13%	12.82%	28.21%
交通工具	48.80%	12.40%	5.20%	8.80%	8.40%	4.80%	11.60%
金融保险业	31.96%	12.37%	8.25%	5.15%	18.56%	7.22%	16.49%
酒类	39.11%	16.00%	8.00%	8.00%	10.67%	6.22%	12.00%
零售服务	12.64%	6.90%	4.89%	6.61%	12.93%	12.64%	43.39%
旅游航空	40.16%	7.09%	7.09%	4.72%	10.24%	7.87%	22.83%
食品饮料	24.92%	10.73%	7.10%	6.19%	17.82%	14.20%	19.03%
文化传媒	14.61%	4.38%	3.98%	5.18%	17.13%	12.88%	41.83%
洗化类	7.03%	4.18%	3.30%	4.18%	16.26%	14.29%	50.77%
医药保健	6.02%	5.49%	3.36%	5.49%	13.27%	16.11%	50.27%
平均比例	21.23%	7.89%	5.35%	5.87%	14.97%	12.19%	32.49%

四、统计分析

根据电视广告平均语速的统计分析结果，我们得出以下五个结论：第一，平均语速与语体类型密切相关；第二，平均语速与广告产品类型密切相关；第三，平均语速与音节的疏密度密切相关；第四，平均语速符合广告短时记忆规律；第五，平均语速符合大众传播节奏。下面我们分别进行讨论。

（一）平均语速与语体类型密切相关

包括语速等在内的言语特点是语体的内部因素。识别语体类型应以不同的内部因素作为划分标准。各种语体的内部因素都有其特殊性，这种特殊性可以把各种类型的语体区别开来。[①] 从黎运汉先生的论述我们可以看出，语速也是确定语体类型的一个重要依据。这一点对于电视语体来说尤为重要。

通过表 2－2 的统计我们发现，不同电视节目的播出语速有很大的不同。平均语速最快的是电视体育现场直播，为了和激烈的体育赛场的节奏相吻合，体育播音员往往要使用很快的语速才能把比赛实况及时而准确地播送出去。

通过表 2－2 的统计我们发现，电视广告的平均语速略高于正常语速。我们知道，电视的媒介特点决定了电视节目类型的多样性。电视节目形态的多变性，使得节目类型的界定和划分相当困难。每一类型电视节目的解说都有它自己特殊的要求。电视节目的解说（这里我们把电视广告语言看作一种特殊的解说）必然涉及语速问题。解说的语速是多少，如何让受众达到最佳收看收听效果，是一个很重要的问题。研究电视广告的平均语速，在以后的电视广告播音中，我们就有了一个相对比较准确的参照标准。

（二）平均语速与广告产品类型密切相关

通过表 2－3 我们看到，电视广告的平均语速与广告产品类型密切相关。不同的广告产品类型，平均语速有很大差别。下面我们从消

① 黎运汉：《汉语风格探索》，商务印书馆 1990 年版，第 123～125 页。

费者对广告产品的卷入度[①]和熟悉度[②]两个方面来分析平均语速与各种产品类型的电视广告的关系。

我们先来看消费者对广告产品的卷入度。消费者的卷入度指消费者主观上感受商品、商品过程以及商品消费环境等与自我的相关性。它包括两个方面:一是产品类型卷入,即对商品的知觉风险。知觉风险高的产品容易引起消费者较高的卷入度。二是产品和消费者的相关性。必须同时满足这两个条件才能使消费者达到较高的卷入度。广告研究人员曾经根据广告产品的卷入度不同而对广告产品的类型进行了一个分类,列表如下:

表 2-4　广告产品卷入度分类

高卷入度商品	信息型产品(汽车、家具、住房)	情感型产品(化妆品、时装、宝石)
低卷入度商品	习惯性产品(食品、日用品)	自我满足型产品(香烟、饮料、酒)

通过对语料中电视广告的平均语速统计分析来看,高卷入度的电视广告产品有交通工具、金融保险、旅游航空、房地产。这些高卷入度产品,消费者关心程度高,基本属于信息型产品。这一类电视广告在播出的时候,电视广告演员(模特)说话的速度一般较慢,平均速度处于慢速段的占该类产品的大多数,例如交通工具类慢速段广告数量占到总数的61.2%。因为这一类产品对于消费者来说可能承担较大的风险,消费者的关注程度也高,慢语速是为了能够让观众有一个清晰准确的了解。

语料中属于低卷入度的产品有:服务类、工业用品及工商服务、零

① “卷入度”概念详见王沛:《广告心理效果与评价》,科学出版社2008年版,第46~47页。
② 产品熟悉程度这个概念由李佐丰先生提出,作者在此次谨表谢忱。

售服务、洗化类、医药保健类、文化传媒类。这一类产品消费者的关注程度低,承担的风险也低。属于情感型产品、习惯型产品和自我满足型产品。这一类产品的电视广告表现为说话语速较快,画面交替也快。平均语速最快的是洗化类,其他依次为医药保健、电信、零售服务、文化传媒类。下面我们举两个语速属于快速段的电视广告例子来加以说明。例如:

[2-12]"我就要红"TIIDA2008炫耀登场。东风日产五重好礼恭候君临,开心到店里,试用试驾礼,惊喜介绍礼,幸运订车礼,精彩交车礼,即日起至1月20日,"我就要红"东风日产新年欢乐送活动火热进行中,详情请咨询广州各专营店。(广东南方电视台经济频道,2007年12月12日)

[2-13]黑龙江省汇泽培训学校招收厨师班、面点班、裱花班、烘焙班、烤鸭班、印度抛饼班,学院电话0451-87522835,87522835。(黑龙江卫视,2007年9月15日)

这两条电视广告的平均语速分别为10.18字/秒和9.58字/秒。配合快速交替的相关画面,这种快语速表现出一种对快捷、利落、高效的服务风格或商品功能的应对,十分自然贴切。

我们再来看消费者对广告产品的熟悉度。从表2-3的统计我们还发现这样一条规律:电视广告平均语速与消费者对广告产品的熟悉度有关。观众熟悉程度低的产品,价格昂贵,语速慢,语调平缓。这一类电视广告的述说者保持比较平和的讲话姿态。语料中交通工具产品类平均语速最慢,慢语速占66.4%;其次是酒类,慢语速占63.1%;再次是旅游航空,慢语速占54.28%;然后是金融保险和房地产类,这两类产品广告中的慢语速分别占52.58%和49.91%。

而和老百姓日常生活紧密相关的一些产品类型，语速则相对较快。比如：洗化类产品快语速占到50.77%，是所有产品中快语速最多的一个；排在第二位的是医药保健类产品，快语速占50.27%；其余的依次为：零售服务产品快语速占43.39%，文化传媒产品快语速占41.83%。相对而言，观众熟悉程度高一些，解说时广告配音语速就要快一些，基调也要轻快活泼一些，音调也更高。因为竞争更直接，所以，配音时音调就会高些，而且起伏较大，甚至听起来像吵架。

（三）平均语速与音节的疏密度密切相关

张颂指出，疏密度①跟语速紧密相关。在语节时值相对稳定的情况下，词疏则慢，词密则快。② 李晓华指出，在有声语言中，音节的疏密变化也是增强节律感的重要手段。李晓华的研究显示，每秒4个音节的疏密度，是播读与收听都十分从容的中等语速。根据我们的统计，电视广告播音的平均语速为4.13字（音节）/秒，这是一个比较接近中等语速或正常语速的值。这个语速比较容易为消费者所接受和理解。

"从受众接受信息的角度考虑，理解的难易度是疏密调节应予以注意的方面。一般来说，未知的信息、专门领域的知识，受众在理解接受时会有一定难度；对已知信息和普通常识，接受理解比较容易。疏密调节时，对于前者要化开慢播；对于后者可以紧连快播。'化开'是

① 所谓疏密就是指语节（跨语节）由于音节的数量不同、时长不同而形成的疏松与紧密两种不同状态。在一定的时域控制下，不同语节之间，音节少的就显得疏，音节多的就显得密。一个音节之中，音节拉长就显得疏，音节缩短就显得密。详见李晓华：《新闻播音节律特征研究》，中国传媒大学出版社2008年版，第179页。又见张颂：《朗读学》，湖南教育出版社1983年版。

② 张颂：《朗读学》，湖南教育出版社1983年版。

指语节切分细一些，每个语节中音节少一些；‘慢播’指音节适当抻长。‘紧连快播’就是指语节切分时将音节密集组合，增加跨语节，而音节时长相对缩短。这种疏密调节，既给观众理解内容提供了方便，又带来了语言节奏的变化。”①电视广告的平均语速与疏密度的关系也符合张颂和李晓华的论述。一些消费者比较熟悉的广告产品，一般采用“紧连快播”的形式来播出，语速较快。这一类“紧连快播”的广告主要集中在洗化类、医药保健、文化传媒类。一些涉及专门领域的知识并且消费者不太熟悉的广告产品，一般采用“化开慢播”的形式来播出，语速较慢。这一类“化开慢播”的广告主要集中在交通工具类、金融保险类、房地产类。

（四）平均语速符合广告短时记忆规律

根据我们对电视广告平均语速的研究，17 类电视广告产品总平均语速大致为 4.13 字/秒。这个数字说明电视广告平均语速略快于正常语速。

广告心理学研究表明：电视广告想要达到一个让受众记忆的效果，就必须注意短时记忆的作用。短时记忆是指信息的保留时间一般在 3 秒至 1 分钟之间的记忆。这种记忆在日常生活、学习和工作中经常遇到。② 短时记忆的突出特点是其容量的有限性（7 ± 2 个组块），以听觉编码为主。对于每一个电视广告主来说，都希望受众能够在短时间内记住他们的产品。美国洛克菲勒大学心理学教授米勒通过实验，在 1956 年发表了《神奇的数字 7 ± 2：我们信息加工能力的限制》一

① 李晓华：《新闻播音节律特征研究》，中国传媒大学出版社 2008 年版，第 183 页。

② http://61.139.105.132/xlx/images/dzjc/5.doc.

文,明确提出了短时记忆的容量为 7 ±2。后来人们利用数字、单词、字母、无意义音节等各种实验材料得到的结果都和米勒的结果一致。短时记忆的容量是 7 ±2,是以单元来计算的。一个单元可以是一个数字、字母、音节,也可以是一个单词、短语或句子。单元的大小随个人的经验组织而有所不同。在编码过程中,将几种水平的代码归并成一个高水平的、单一代码的编码过程叫组块(chunking)。以这种方式形成的信息单位叫作块(chunk)。可见,"组块"是记忆的特殊单位,是一个有一定可变度的客体,它所包含的信息可多可少。若要增加短时记忆的容量,可以利用已有的知识经验,通过信息加工,将若干较小单位联合成熟悉的较大的单位,扩大每个组块中的信息量来实现。对短时记忆容量的决定因素,往往不是信息的绝对项目数,而是其组块数。研究表明,在汉字材料的组块记忆中,以 4 字组块的记忆效果最好,而数字材料则以 4 和 6 字组块的记忆成绩最优。已故的北京师范大学语音专家周同春先生的研究表明,对于日常生活中非常熟悉的语言,在短时间内(几秒钟内),人耳的接受程度可达每秒七八个字,甚至更多;一般情况下,人耳的接受程度,即辨析率是每秒四五个字。[①] 根据这段论述,我们可以看到,电视广告语体的语速为 4.13 字/秒也是基本遵从这一规律的,是比较符合人类记忆规律的。

从受众的角度来看,人说话的速度与听话的速度是不相等的。如果语速过慢,对方在较长时间内不能接收到适量的有效信息,就会发生思维性注意力分散。这一点对于电视广告尤为重要。另一个方面,人的"感知"速度慢于语速,如果语速过快,输出信息过多的话,对方很难全部接收,并且心理上会紧张、疲倦,同样容易注意力涣散。电视广

① 此处数据转引自孟国:《汉语语速与对外汉语听力教学》,《世界汉语教学》2006 年第 2 期。

告中,不考虑电视广告传播的语境,一味追求语速,只能给受众心理带来副作用。

（五）平均语速符合大众传播节奏

郑兴东认为:“大众传播是通过语言、文字、声音、画面来传播信息的,传播者在传送它们时都有一定的速度变化,即表现为一定的节奏[①];每一个受众在接收所传播的语言、文字、声音、画面时,也会有自己的一定节奏。只有当这两种节奏相同、吻合时,受众对所传播的信息的理解才可能是清晰的、连贯的。”[②]

电视广告传播要想达到预期的效果,必须根据受众的理解能力来调节传播的节奏。对于比较难懂的、观众不熟悉的、要求受众识记,或有更多参与的电视广告,受众的视听节奏一般要慢于其他电视广告的视听。因为对它们的理解要借助更多的思维的组织、加工和想象,需要花费比视听一般内容更多的时间。此时如果视听节奏过快,就会破坏理解的正常进行。

电视广告的语言、声音、画面是随着时间的流动而流动的,受众对它们的视听具有被动性,受众的视听节奏是不能自控的,而视听节奏如果跟不上广告传播者的传播节奏,传播的部分信息就会失落,不能进入受众的脑海之中。对于受众来说,整个传播就会变得断断续续,混淆不清。对于报刊广告,情形则有所不同。报刊广告是以共时性传播为特点的,所传播的信息都一次性地展现在凝固的文字或图像之

① 《现代汉语词典》中,“节奏”有两个义项:1. 音乐或诗歌中交替出现的有规律的强弱、长短的现象;2. 泛指均匀的、有规律的进程。节奏在此处主要是做第二个义项讲,这与下一节“句子的节奏模式”中“节奏”的含义不同。

② 郑兴东:《受众心理与传媒引导》(修订版),新华出版社 2004 年版,第 104 页。

中,受众的阅读节奏是自控的。面对给定的传播符号,受众可以按照自己的节奏来分解它、接纳它,而不受广告传播者节奏的控制。

电视广告传播者,一定注意自己说话的语速要与受众的视听节奏相一致,既不要快于受众的视听节奏,也不要慢于受众的视听节奏。语速过快,不利于受众的理解;语速过慢,则会降低传播效率,并导致受众注意力的分散。在研究中我们发现,电视广告播音中这两种情况都时有发生。有的电视广告,说话语速过快,必要的停顿、间隙都没有,致使受众无法听清;有的电视广告,说话语速过慢,令人生厌。但是总体来说,绝大部分电视广告的语速都徘徊在4.12字/秒左右,比较接近受众的理解水平。掌握电视广告的平均语速,使其尽量与受众的视听节奏合拍,这对于电视广告创作者来说是一个非常重要的问题。

第四节　电视广告的句子节奏模式

这一节讨论电视广告句子的节奏模式。吴洁敏和朱宏达认为,“节奏是汉语节律的灵魂。所以,探索节奏规律乃是节律研究的关键。汉语节奏规律的探讨包括由音素组成音节,由音节组成音步、句子、句调群,乃至段落、篇章的节奏。”①限于篇幅,本节只探讨电视广告句子层面的节奏。

一、节奏与音步

我们先来看节奏(rhythm)的概念。节奏的定义纷繁复杂,非常不统

---

① 吴洁敏、朱宏达:《汉语节律学》,语文出版社2001年版,第85页。

一。哈特曼和斯托克(Hartmann and Stork)在《语言与应用语言学词典》(1972)中指出,节奏是"话语中重读音节和非重读音节(syllable)的模式。语言使用重音(stress)的方式,对语言的节奏有很大影响。"①仅仅把节奏看成是"话语中重读音节和非重读音节的模式",就会感到,有词重音的语言,像英语、俄语重轻律特别明显,于是说它们是节奏性强的语言,这当然无可非议。然而,汉语除了快板以外,在诗文、口语中没有明显的重轻律模式。另外,该定义虽然也谈到时长,但如何用等音长的音节来表现汉语的节奏,此处并未解释清楚。②

《中国大百科全书·语言文字卷》对节奏的解释是:"节奏一般指语句中各音节的长短快慢。"汉语语句的节奏由句中各意群来组成,相当于音乐中的拍子。每"拍"包括一到三个音节,以双音节为最普遍。拍子的长度常视整个语句的速度以及意群的主次而变,不像音乐拍子那样严格。

北京大学语言学教研室编写的《语言学名词解释》对节奏的解释比较全面详尽。该书认为:"一切成节奏的音群通常是由时值相等的、有相同的强弱音或长短音配置的音段连接组成。这样的各个音段,只就其音量或音长的规律性而言,就是节拍。换言之,节拍是相继出现的具有相同的时值和强弱或长短音配置的声音段落。它总是两个或两个以上连接起来而构成节奏的。"③

林焘和王理嘉在《语音学教程》一书中也谈到,在比较长的句子里,有的音节关系比较近,结合比较紧密,有的则比较疏远,形成长短

① 〔英〕哈特曼、斯托克著,黄长著等译:《语言与语言学词典》,上海辞书出版社1981年版,第300页。

② 吴洁敏、朱宏达:《汉语节律学》,语文出版社2001年版,第89页。

③ 北京大学语言学教研室编写:《语言学名词解释》,商务印书馆1960年版,第58页。

不等的音节组合。音节多的组合在句子里一般读得比较快一些,音节少的组合则读得慢一些,听起来能够给人一种节拍感,不那样平板单调。

我们再来看音步的概念。按照哈特曼和斯托克的说法,音步与分析诗歌有关,但广义地讲,它是指“由一组重读音节或非重读音节组成的语音单位。在重音均拍言语中,一句话可以划分为若干音步,尽管音步的音节数不同,但发音的时间大体相同。”[①]屈哨兵认为音步指“显示节奏的基本单位,它表现为对一定长度的语言片段进行一种音节数目上的切分和安排,使它们每隔一定时间就重复出现。”[②]规律性的音节反复就形成了一种语言的音乐美。吴洁敏和朱宏达对音步的定义最为全面,“音步是语言最小的节奏单元,一般由两个音节周期组成。由音步周期组成基本节奏单元,可调节音节的时长,使之产生音步周期。”[③]

二、节奏群层的划分

本书节奏群层讨论限于电视广告的句子层面。句子层面节奏的音节组合可以分为三层。以句子为最大单位,由大到小逐级切分,或以音节为最小单位,由小到大向高一级语言单位组合为如下三个层级:音节层<音步层<句子。[④] 同一个句子可以有不同的切分法。切分的层次不同,表达的思想感情就不同。言语链是从音节到音步、句子,

---

① 〔英〕哈特曼、斯托克著,黄长著等译:《语言与语言学词典》,上海辞书出版社 1981 年版,第 131 ~ 132 页。

② 屈哨兵:《广告语言方略》,科学普及出版社 1997 年版,第 307 页。

③ 吴洁敏、朱宏达:《汉语节律学》,语文出版社 2001 年版,第 106 页。

④ 转引自吴洁敏、朱宏达:《汉语节律学》,语文出版社 2001 年版,第 41 页。

由小到大逐级组合的，不同的思想感情需要用不同的组合形式来表达。所以，语音链的切分只能是“句子>音步>音节”。

黄伯荣和廖序东认为句子的节奏主要表现在“音步”上。一个音步包含的音节数目不同，音节多的音步，要读得紧凑些，音节少的，要读得舒缓些。节拍整齐的句式反复出现，能够加强句子的节奏感，从而增加表现力和感染力。[1] 等时等长的音步（节拍）周期性出现或重复出现的现象在电视广告句子及篇章中普遍存在，在音节数整齐的整句中表现更为突出。由于节奏能增强语言的音乐美，所以在电视广告中除了“2+2”构成两拍（两个音步）的四言句之外，还常用“3+2”或“2+3”构成两拍（两个音步）的五言句，“2+2+2”或“3+3”三拍（三个音步）、两拍（两个音步）的六言句，“2+2+3”或“3+2+2”三拍（三个音步）的七言句式。下面，我们来分析电视广告的句子节奏模式。

三、句子的节奏模式统计

利用 Microsoft Excel 2003 软件，我们对电视广告句子的音节数进行了统计。电视广告中句子音节长度为三音节至七音节长度的句子，共有 14 436 句，占句子总数（共 25 776 句）[2]的 56%。限于篇幅，我们主要讨论这几种音节长度的句子节奏。

我们对句长为三音节至七音节长度的句子的音步数和节奏模式进行了统计，结果如下：

---

① 黄伯荣、廖序东：《现代汉语》（增订三版），高等教育出版社 2002 年版，第 125～126 页。

② 关于电视广告中句子的详细统计见本书第四章第二节“电视广告的句类使用频率”。

表 2－5　电视广告句子的节奏模式

句子音节数目	音步数（节拍数）	句子的节奏模式（注：引号中的数字表示音节数）	数量（句）	占电视广告句子总数的百分比
三音节	二音步（两拍）	2＋1 或 1＋2	1 368	5.31%
四音节	二音步（两拍）	2＋2	5 596	21.71%
五音节	二音步①（两拍）	2＋3 或 3＋2	2 253	8.74%
六音节②	二音步（两拍）	3＋3	309	1.12%
	三音步（三拍）	2＋2＋2	2 415	9.37%
七音节	三音步（三拍）	2＋2＋3 或 3＋2＋2	2 495	9.68%

四、统计分析

电视广告语体的句子节奏特点在很大程度上是靠每个音步大致相当的时间长度，而不仅仅靠音节的数量，这一过程包括两个单音节组合成一个音步、三音节在时间长度上被压缩成与两个音节一个音步的时长大致相当的情况。如果有相关方面的软件对此予以统计，就可以做到客观描述。这就是说，从统计结果看，以语法单位为着眼点的平均音节构成，在语篇中的分布规律是二音节数量最大，三音节次之，

① 我们此处列举的节奏模式都是就电视广告句子中一般情形而言的。实际上五音节句、六音节句和七音节句也有其他节奏模式，例如五音节句的节奏模式还有“1＋2＋2”，或“2＋2＋1”等，但是这一类所占比例很小。而且，不同的人对同一个句子的节奏模式判断也不相同，这些不在本研究的范围之内。

② 六音节句所占总比例为 10.49%，这种句长的音步模式有“2＋2＋2”和“3＋3”两种，其中三音步“2＋2＋2”类节奏模式占电视广告总句数的 9.37%，二音步的“3＋3”类节奏模式占电视广告总句数的 1.12%。

其他现象不多。由此可见，电视广告语言中音步的组织基本遵循王洪君提出的“二常规、三可容、一四受限”[①]规则。

通过表2－5的统计我们发现，电视广告中句子的节奏表现出以下特点：句子节奏为二音步节奏模式的占36.88%，排在第一位；句子节奏为三音步节奏模式的占19.05%，排在第二位。二音步的节奏模式是电视广告句子节奏的主体。其余的节奏模式比如一音步、四音步的也有一定数量，但所占比例都不如二音步和三音步的多。下面我们分别讨论电视广告中二音步和三音步的句子节奏模式。

（一）二音步（两拍）的句子节奏模式

电视广告的口号和正文之中使用二音步的句子节奏，可以很好地表达广告宣传的主题以及宣传对象的内容、特点等。它的形式简短易记、节奏鲜明、朗朗上口，能起到提纲挈领的作用。二音步是电视广告句子节奏模式的主体，它主要有以下几种类型。

1. 音节组合为“2＋1”或“1＋2”式

这一类主要存在于句长为三个音节的句子中。“三音节的语言单位的特点是活泼、轻快，但是单独使用容易使人产生不稳定的感觉。两个不稳定的单位连在一起，正如负负得正一样，就变成稳定的了。”[②]电视广告语料中，三音节句共有1 368个，占5.31%。

三音节句的节奏模式有“1＋2”和“2＋1”两种形式。从语料来看，电视广告语体中的三音节组合主要有两种句法结构形式：一种是

---

① 王洪君：《普通话中节律边界与节律模式、语法、语用的关联》，见《语言学论丛》第26辑，商务印书馆2002年版，第299页。转引自李晓华：《新闻播音的节律特征研究》，中国传媒大学出版社2008年版，第21页。

② 曹炜、高军：《广告语言学教程》，暨南大学出版社2009年版，第45页。

动宾结构，音节组合以“1 +2”为主；另一种是主谓结构，音节组合以“2 +1”为主。例如：

[2 -14] 从现在开始，中国掀起新一轮 CDMA 特惠活动。即日起购机入网，选/套餐，存/话费，即可折扣购机。靓机款款随心选，听得见的绿色，想得到的实惠。中国联通。(CCTV -2,2007 年 10 月 9 日)

[2 -15] 这叫福星高照，这叫福星来到。喝/福星，交/好运。(江苏电视台新闻综合频道,2007 年 11 月 3 日)

[2 -16] 游/三峡，访/神女，观/红叶。中国重庆首届长江三峡红叶节暨第八届神女旅游文化节。11 月 28 日至 12 月 28 日重庆巫山。(重庆电视台,2007 年 12 月 9 日)

[2 -17] 手机通了，走再远，都不觉得远。有信号就没有距离，那些小格子里有无数的生活故事，就像神州行，覆盖着生活的每一个角落。神州/行，我看/行。(上海电视台新闻综合频道,2007 年 12 月 28 日)

[2 -18] 那一刻，胜利属于中国，更属于你；那一刻，赢奖机会属于你；那一刻，麦当劳、阿迪达斯、可口可乐大奖属于你；那一刻即将到来。7 月 28 日起，中国/赢，我们/赢。(上海电视台电视剧频道,2007 年 7 月 23 日)

例[2 -14]、例[2 -15]、例[2 -16]中的三音节句都是动宾结构的“1 +2”音节组合方式。例[2 -17]、例[2 -18]中的三音节句都是主谓结构的“2 +1”音节组合模式。电视广告语体中，绝大部分都是动宾结构“1 +2”音节组合，主谓结构的“2 +1”音节组合非常少。

2. 音节组合为“2 +2”式

“2 +2”这种模式主要存在于句长为四个音节的句子。四个音节的句子是电视广告语言中使用比较频繁的句子，特别是其中的“2 +2”音节组合更是四个音节句子最主要的音节组合形式。语料中四音节共有 5 596 个，占 21.71%，基本上都可以切分为“2 +2”式，电视广告中这一类数量最多。

李佐丰在《广播电视语言》一书中指出，“广播电视语言中，四字句很常见。电视节目中的四字句是受古典文学作品的影响，一般都用的优美凝练，很有韵味。”[①]陈建民在《汉语的节奏问题》一文中说：“两个音步的四音节是汉语的一种主要的节奏倾向。”他还说，“流传最广的成语几乎都是两个音步的四音节”，“四音节的主要语音段落是 2 +2，语音上成双成对，念起来节奏匀称，十分上口，的确可以加强语言的表达效果。”[②]四字短语的发展和现代汉语的发展有关，也和汉语本身的语音特点有关。汉语往往两个字一音步，四个字就形成一个基本节奏单元。四音节句读起来好听、好记，为人们所喜闻乐见。我们认为，四音节句之所以能说成“2 +2”的节奏，不仅因为四音节可以均等切分，也不仅因为其语义结构是“2 +2”，而是因为内在的声音节奏是“2 +2”两个节拍的重复出现，形成了“2 +2”的节奏，从而产生动听的音乐效果。

四个音节的句子言简意赅、生动形象、意蕴深远，富有音韵节律，读起来平仄相间、和谐悦耳、铿锵有力。在电视广告的传播中，恰当选取和应用四音节句子能增强电视广告词的表现力。正如吕叔湘先生

① 李佐丰：《广播电视语言》，北京广播学院出版社 1998 年版，第 231 页。
② 陈建民：《汉语里的节奏问题》，《语言教学与研究》1979 年第 2 期。

所说,“四音节好像一直都是汉语使用者非常爱好的语音段落。最早的《诗经》里诗以四言为主。启蒙的课本《千字文》《百家姓》《李氏蒙求》《龙文鞭影》等等都是四言。”①从我们统计的情况来看,四音节句子是电视广告语言中的主导句式,电视广告语言中四音节句式的大量出现,形成了电视广告语体独特的节奏。例如:

[2-19]心目/所及,观我/所欲,心驰/所至,界我/所域,无远/观界,新龙城。(BTV-7,2007年10月25日)

[2-20]大草原甘甜的清泉,纯净的乳汁,高新技术造就了草原奶酒天然绿色营养健康的高贵品质。草原/奶酒,酒体/清澈,口感/纯正,奶香/飘逸,回味/绵长,口口/深情,滴滴/留香,草原/热情,天下/美酒,内蒙古龙驹乳业。草原/奶酒,领航/品牌。(旅游卫视,2007年9月18日)

[2-21]扭伤挫伤运动伤,腰痛腿痛颈肩痛,奇正牌消痛贴膏,消痛强久快,一贴见真功。藏药/经典,雪域/圣品,奇正/藏药。(辽宁电视台新闻综合频道,2007年10月23日)

[2-22]全友家私温馨中国大献礼,三大/盛宴,五大/套餐,六大/特惠。中国/名牌,全友/家私。(山西卫视,2007年10月25日)

[2-23]每一秒的全心投入,菜品和功底的完美结合,幻造出——秀的气质,丰的/神韵,贵的/风度,精的/信念,实的/底蕴,雅的/魅力。执着地来天华,来天华连锁企业。(上海东方电视音乐频道,2007年10月1日)

① 吕叔湘:《现代汉语单双音节问题初探》,《中国语文》1963年第1期。

[2－24]国球/精神，谷饼/传承。冠军/品质，气质/天长。奥运梦想相伴相生，动静之间，起步则永不止步。2007 挑战世界新高度，为了中国，麦趣尔国饼。世界/奥运，中国/味道。（新疆卫视，2007 年 9 月 20 日）

[2－25]同润圣塔路斯坐拥两大天然河道，内有三重活水景观。佘山/版图，春来/加州。成熟/社区，矢量/别墅。限量/行为，敬请/品鉴。（上海电视台第一财经频道，2007 年 11 月 9 日）

四音节句子一般都是“2＋2”的音节组合模式。吕叔湘指出：“不得不承认‘2＋2’的四音节也是现代汉语里的一种重要节奏倾向。”①这表现在一个双音节成分要求它或前或后的成分也是双音节。这种四音节两音步组合模式在现代汉语里大量存在。汉语往往两个字一音步，四个字就形成一个基本的节奏单元。电视广告要想达到声音上的美，就要尽量运用人们所喜闻乐见的四字句，以便达到好听、好记的广告传播效果。四个音节的句子所形成的四音节语音段，正如郭绍虞所指出的，“是汉语所特有的，任何一种语言都没有像汉语词语那样的形式，而且这种形式又是在汉语中特别发展的。”②对于电视广告语言传播来说，这种四音节音段是最具汉语和汉文化特点的庄重典雅的形式，符合汉文化中“以偶为佳”“以四言为正”的审美要求。它不仅是汉语特有的语言形式，也是特有的一种文化形式。有些电视广告甚至通篇都采用四音节句子，非常有特色，传播效果也很好。例如：

① 吕叔湘：《现代汉语单双音节问题初探》，《中国语文》1963 年第 1 期。
② 郭绍虞：《汉语语法修辞新探》，商务印书馆 1979 年版，第 115 页。

[2－26]谁人/不知，双钱/轮胎，行遍/神州，走向/海外。双钱/家族，人丁/兴旺，品种/规格，数不/过来。大道/小道，平路/山路，高速/节油，安全/耐磨。绿色/品牌，安全/耐磨，绿色/品牌，大小/用户，对口/服务，培训/导购，监测/维修，客户/利益，永远/关爱。谁人/不知，双钱/轮胎，红红/火火，中国/双钱。（上海电视台体育频道，2007年9月15日）

3. 音节组合为“2＋3”或“3＋2”式

这一类主要存在于句长为五个音节的句子。句长为五个音节的句子主要有两种音节组合形式：“2＋3”式和“3＋2”式。五音节也深受青睐，是因为广告中如果字数太少，信息量就不够，不能有效传递广告信息；若是字数多了，音节又过长，不易于受众记忆。五音节句子，既有一定的信息量，又容易记忆，适合在广告中运用。句长为五个音节的，约有2 253个，所占比例为8.74%。电视广告语言选择这两种形式是因为言语中韵律有趋于平衡的特点。

两音步的“2＋3”式指广告语言中前两个音节结合比较紧密，而后三个音节结合比较紧密。例如：

[2－27]天地/人物益，和合/出美酒，祥和快乐小糊涂仙，难得/小糊涂，悠然/得健康，茅台镇健康文化美酒，小糊涂仙精品，珍藏品，云峰酒业。（CCTV－5，2007年11月10日）

[2－28]安亭/汽车城，商务/新地标。上海唯一的国家汽车及零部件出口基地，优化设计，锋芒出入，轨道11号线隔街相望，齐全配套。贵宾热线：59568111。（上海电视台第一

财经频道,2007 年 9 月 25 日)

[2 -29] 平头/第一代,凸头/第二代。第三代微客,轿车技术,安全舒适,强劲动力。瑞麒 2,高品位,好选择！奇瑞微车。(安徽卫视,2007 年 8 月 13 日)

[2 -30] 精彩/大运河,时尚/太阳谷,山东德州。(CCTV -2,2007 年 12 月 13 日)

两音步的“3 +2”式指广告语中前三个音节结合比较紧密,后两个音节结合比较紧密。例如:

[2 -31] 青春的/旋律,不老的/歌声,闪烁的/星光,你我的/盛会。第 13 届 CCTV 青年歌手电视大奖赛甘肃赛区全面启动,将在全省设立分赛区,强悍媒体联袂的盛典,商家实力展示的平台,敬请关注。联系电话:0931 - 8569153,13893125237,联系地址:甘肃省广播电影电视总台广播电视文艺中心大型活动部。(甘肃卫视,2007 年 11 月 28 日)

[2 -32] 知己的/味道,领袖的/味道,男人的/味道。衡水老白干,喝出男人味。(CCTV -1,2007 年 12 月 1 日)

[2 -33] 不同的/旅程,同样的/享受。不同的/脚步,同样的/轻松。不同的/选择,同样的/康奈。拥有康奈,舒适自在。(湖南卫视,2007 年 10 月 8 日)

[2 - 34] 全方位/节能,全直流/变频。海信空调变频专家,HISENSE。(山东卫视,2007 年 10 月 26 日)

除了以上两种情况以外,两音步的音节组合还有六音节句的“3 +3”式,七音节句的“3 +4”或“4 +3”式,以及八音节的“4 +4”式,因为这几种在电视广告中所占比例比较少,此处不再一一列举。

(二)三音步(三拍)的句子节奏模式

三音步的句子节奏模式主要存在于六音节句和七音节句中。广告语言中六音节组合一般都是三个音步的"2+2+2"式。三个音步的"2+2+2"式是指在播广告语时,在六个音节中平均两两之间做短暂的停顿,即这类广告语由三个音步构成,每一个音步均由两个音节构成,这一类在语料中共有2 415个,占9.37%。例如:

[2-35]科技/引领/时尚,用心/演绎/完美,拥有/中日/电器,畅想/美好/生活。(CCTV-1,2007年12月25日)

[2-36]经典/演绎/时尚,品质/成就/品位。国粹黄酒,古越龙山。(上海电视台第一财经频道,2007年11月20日)

[2-37]把握/潮流/脉搏,汇聚/时尚/尖端。追求/个性/生活,品味/卓越/人生。古士旗08秋冬系列,缔造商务休闲男装新高度。以我们的专业造就您的辉煌。携手开拓更远更宽的投资市场,共同创造更多更大的潜在价值。诚邀全国各地代理商、经销商加盟古士旗男装,共享古士旗十八年的辉煌。古士旗服饰,成功的男士,古士旗。(广东卫视,2007年11月2日)

[2-38]一汽奔腾,安全典范。动力强劲,环保节油。全面升级,驾乘体验。用户/竖指/赞叹,口碑/铸就/奔腾。(BTV-1,2007年9月28日)

我们再来看七音节句。七音节句的广告语言的节奏模式为三个音步,其中主要有两种音节组合形式:一种是"2+2+3"式,另一种是

“3 +2 +2”式。这两类共有 2 495 个，占 9.68% 。

三音步的“2 +2 +3”式指广告语中前两个音节结合比较紧密，中间两个音节之间没有明显的间歇，后三个音节结合也比较紧密。例如：

[2 −39] 炭魔方果蔬泡洗盆，水果/蔬菜/泡一泡，农药/残留/危害小，炭魔方，炭魔方果蔬泡洗盆。（CCTV −7，2007 年 9 月 12 日）

[2 −40] 世界名牌波司登，08 时尚风华绝配。摩登精英系列品味典雅，动感玩家系列科技动感，流行俱乐部系列让羽绒服成为都市时尚新亮点，三大系列，多种搭配，体验/时尚/新感觉，世界/名牌/波司登。（上海东方卫视，2007 年 11 月 5 日）

[2 −41] 花山/花海/花乡情，买花/就到/玉泉营。（BTV −1，2007 年 12 月 1 日）

[2 −42] 想把专业抗老护肤效果带回家，让肌肤焕然一新？全新雅芳焕颜新系列给你专业抗老护肤三大功效：1. 平滑肤质；2. 细致毛孔；3. 紧实肌肤。就像刚刚做完脸，肌肤焕然一新，年轻有活力。雅芳/焕颜/新系列，雅芳/明天/更美好。（广州电视台新闻频道，2007 年 11 月 2 日）

三音步的“3 +2 +2”式指广告语中前三个音节结合比较紧密，中间两个音节之间没有明显的间歇，后两个音节结合也比较紧密。例如：

[2 −43] 起伏中/超越/稳健，波澜中/对话/平静，潮流中/看见/

自己，第八代雅阁跃级而立。（广东卫视，2007 年 12 月 26 日）

[2－44] 天地交/万物/同生，阡陌通/百业/兴旺。交流融通，诚信永恒。交通银行。（河北卫视，2007 年 12 月 25 日）

[2－45] 超大的/生态/氧吧，超酷的/拓展/训练，超爽的/水上/运动。心动了吗？赶快奔赴东方绿舟，海陆空动感体验之旅。都市旅游休闲天堂，东方绿舟。（东方明珠移动电视，2007 年 12 月 21 日）

[2－46] 缤纷的/多种/鲜果，独特的/美味/果汁，就在果缤纷。多果多吉祥，缤纷喜洋洋，还有法兰西风情新年新上市哦！（BTV－1，2007 年 12 月 7 日）

通过上面的分析我们发现，电视广告语体的句子，不管是四音节、五音节，还是六音节、七音节的句子，一般来说，其节奏都不外乎由二音节音步或三音节音步组成。而且同是二音节音步，组成这一音步的每个音节音长可能相同，也可能不相同，但这个音步的音长与其他音步的音长大致相等。

因此，我们可以说，电视广告语体中句子的节奏整齐、鲜明不仅因其音节数整齐，更重要的是因其音步整齐。换句话说，音节数整齐的整句的节奏遵循的是音步与音步的等时原则，每个音节都要为遵循这一原则而不断调整自身的音长。电视广告语言就是利用音步的等时原则，极力投合消费者的语言心理节奏，使消费者在一种交替出现的律动惯性之中接受广告语言，理解广告语言。从语体的角度来看，二音步和三音步节奏模式的句子短促有力，节奏感强，气势贯通，能给人以鲜明的印象和强烈的感染。这种句子节奏模式在电视广告语体和文学语体的韵文体中出现的频率极高，在政论语体、科技语体、事务语体和新闻报道语体中用得相对较少。

第五节　电视广告的押韵

这一节讨论电视广告中押韵的韵辙特点。

一、押韵与韵辙

黄伯荣和廖序东认为，押韵又叫压韵，指的是韵文中某些句子的末尾用上同“韵”的字。押韵的“韵”，与“韵母”不完全相同。凡韵腹相同或者相近的（如果有韵尾，韵尾也要相同），都属于同一个“韵”。就是说韵头可以不管，只要韵腹、韵尾相同就算同一个“韵”。戏曲界习惯上把唱词中的“韵”叫作“辙”。合辙也就是押韵的意思。合辙可以使诗句、唱词、民歌、戏曲等音调和谐悦耳，富有音乐美，吟唱、演唱顺口，易于记忆。日常口语表达中，根据内容需要，适当注意合辙押韵，可以使说的话顺口动听，便于记忆。一般来说，押韵有两种方式：一是韵头、韵腹、韵尾三因素完全相同；二是韵头不同而韵腹、韵尾相同。①

韵母的种类很多，需要分类，常见的有“十八韵”和“十三辙”两种划分方法。“十八韵”是“五四”运动以来以北京语言为标准，根据新诗的实际用韵归纳出的 18 个韵部。另外，明清至新中国成立前的民间说唱文学把“押韵”称为“合辙”。“十三辙”就是明清以来北方艺人，在北京音系的韵母里归纳出来的 13 个大致相近的韵部。同“十八韵”相比，

---

① 黄伯荣、廖序东：《现代汉语》（增订三版），高等教育出版社 2002 年版，第 68 页。

“十三辙”押韵宽泛，所以现代文学语言用韵时多采用“十三辙”。

吴为善指出，押韵韵母具有很强的象征性。① 韵母的主体是元音，元音是乐音。发音时声带振动。在元音图上可见，由于共鸣腔形状的不同，各个位置上的元音在响度上差别很大。发音时口腔运动幅度较明显，象征性表现极强。韵本身并不表示感情，但人们利用韵的一些区别性特征来为表情服务，于是韵就带上了感情色彩。一般来说，韵有“洪”“细”之分。由于发音时口腔与鼻腔共鸣情况不同，听起来不同的韵母的响亮程度就有强有弱。所谓“洪”“细”是指韵的响度。凡发音的时候口开得较大，同时鼻腔也引起共鸣的韵，响度就强。② 任何一组同韵的字一旦被置于押韵的位置，不但能产生鲜明的节奏感，而且特定的韵母的声音特征也特别明显。押韵韵母的象征效应就是这样产生的。

郑颐寿的《文艺修辞学》以十三辙为例，按其发音响度等特点分为三类，即洪声韵、细声韵和柔和韵。王希杰在《汉语修辞学》中依据韵母主要元音和尾音的响度，也将传统的十三辙做出同样的分类。③ 洪声韵包括言前、江阳、人辰、中东、发花五个韵辙，声音都比较响亮；细声韵含有姑苏、一七、乜斜、灰堆四辙，声音较为细弱；柔和韵的声音介于洪声韵和细声韵之间，有遥条、坡梭、怀来、由求四辙。洪声韵适合表达豪迈雄壮、蓬勃向上、奔放热烈、慷慨激昂的情感，细声韵适宜于

---

① 所谓语言的象征性表现功能，指的是语言作品中利用语音的音质特征（包括各类元音、辅音），通过一定方式的组合造成一种声势，在发音过程中能产生某种感觉，诉诸听觉能使人联想到某种声音，产生某种声音象征效应，对作品的艺术表现起到一种渲染和强化作用。象征效应的要素类型主要包括三种类型：声母的象征性表现、韵母的象征性表现、单个音节的象征性表现。详见吴为善：《汉语韵律句法探索》，学林出版社 2006 年版，第 158 ~ 161 页。

② 吴为善：《广告语言》，上海教育出版社 2007 年版，第 119 ~ 123 页。

③ 王希杰：《汉语修辞学》，北京出版社 1983 年版，第 190 页。

表现哀怨缠绵、幽婉细腻之类的情感。[①] 不过这样的表述,说的仅仅是一种"倾向"。也就是说,韵的音色在一定程度上有助于表达情感,但不能过度夸大它的作用。

二、押韵与广告语言

黎运汉指出,广告语体在语言表达上具有艺术性的特点。[②] 广告语言表达的艺术性是指广告语言要有艺术魅力,要吸引人、感染人。广告语言并非只是一般性的介绍性文字,它还讲究文采,注意形式美。好的广告语言必须形象生动活泼、饶有趣味,能给人留下深刻的印象,不但能诱发人们的购买欲望,而且还能给人以艺术的享受。广告语言的艺术性主要表现之一就是语音手段的运用。语音手段的运用是指广告语言要合辙押韵,韵脚和谐,具有韵律美。这样听起来朗朗上口,且便于记忆。

根据广告创作的 AIDMA 理论,自广告播出到购买行为的五个不同阶段中,"Memory(促使记忆、加深印象)"是其中重要一环。电视广告要做到的首要一环便是让受众记住本产品的名称或品牌。与广播传播相似,在声音传达方面,电视声音也具有易逝性。电视广告语言一定要易听、易记,尽量减轻受众的认知与记忆负担。电视广告语言使用押韵,除了一般意义上的语言音乐美的追求之外,主要是想通过韵脚的安排来造成音感上的反复和回环,从而把前后的词句连在一起。即运用语音手段来加强广告语言(信息)的相关性的联系,提高受众的理解、记忆水平。

---

① 祝克懿:《语言学视野中的"样板戏"》,河南大学出版社 2004 年版,第 88 页。

② 黎运汉、宗世海:《现代汉语语体修辞学》,广西教育出版社 1989 年版,第 240 页。

三、电视广告的韵辙统计

以十三辙的韵辙分类为依据，我们从语料中随机选取 262 条有押韵现象的电视广告，对这些韵辙予以统计，结果如下：

表 2－6　电视广告的韵辙

韵辙（十三辙）		数量	百分比
洪韵	言前辙 an	148	56.5%
	江阳辙 ang，iang，uang		
	人辰辙 en，in，uen（un）		
	中东辙 eng，ing，ong，iong，ueng		
	发花辙 a		
柔韵	怀来辙 ai	80	30.5%
	遥条辙 ao		
	坡梭辙 uo		
	由求辙 ou，iou		
细韵	乜斜辙 e	34	13%
	灰堆辙 ei，ui，uei		
	一七辙 i		
	姑苏辙 u		
合计		262	100%

四、统计分析

从表 2－6 的统计来看，电视广告传播中“洪韵”与“柔韵”使用比较多，因为这两个韵读起来都比较响亮、悦耳，让人心情舒畅，适合表达广告所要表达的情绪，其中“洪韵”豪放、欢快、热烈，“柔韵”抒情、亲和、安详。我们看到“洪韵”占总量的 56.5%，几乎是“柔韵”(30.5%)的两倍，“细韵”(13%)的五倍。“洪韵”是电视广告韵辙中所占比例最多的。电视广告的选韵比较集中在“洪韵”的言前辙、江阳辙上；“柔韵”的怀来辙、由求辙、遥条辙、坡梭辙也有一定比例；“细韵”的灰堆辙、一七辙、姑苏辙、乜斜辙等韵辙使用最少。电视广告语言选韵偏好于“洪韵”的一个原因是：“电视广告语言主要诉诸听觉，转瞬即逝，没有多少辨认思考的余地，尽可能选用音节响亮的字，以便观众听得清楚，记得明白。”①选用“洪韵”发音时开口度大，口腔共鸣强，音色响亮且传之久远，容易产生艺术感染力，适用面较广，所以选用频繁；“细韵”多为闭口音，发音时开口度小，口腔共鸣弱，音色不响亮，适用面较窄，所以较少被选用。②

下面我们根据韵辙使用统计情况来举例说明：

首先，电视广告语言中“洪韵”韵辙出现频率最高。“洪韵”韵辙出现频率高，所占比例最大，共有 148 个，占韵辙总数的 56.5%。

“洪韵”中语音高亢明朗、开阔响亮的江阳辙、言前辙、中东辙是电视广告语言中使用最多的。江阳辙、言前辙、中东辙的韵字多，音色响亮高亢，适于抒发豪爽、雄浑、明快的格调气氛。下面我们分别举例说明。

“洪韵”中的江阳辙使用较多，例如：

[2-47]十二年融合经典传香，十二年封存品位珍藏，年份成就经典，河套老窖十二年陈酿。(内蒙古卫视，2007 年 11 月 10 日)

---

① 中国广告协会电视委员会、北京广播学院电视系编：《电视广告创意与制作》，科学技术文献出版社 1992 年版，第 316 页。

② 祝克懿：《语言学视野中的“样板戏”》，河南大学出版社 2004 年版，第 89~95 页。

——用韵：江阳辙，韵字：香、藏、酿。

[2-48] 一品佳节，黄山同享，天高月圆，云淡生香。（安徽卫视，2007年9月13日）

——用韵：江阳辙，韵字：享、香。

“洪韵”中的言前辙使用也比较多。例如：

[2-49] 以天为界可以知高远，以心为界可以知无限。心淡泊，志高远，不以成就为成功，意尔康皮鞋。（CCTV-3，2007年11月24日）

——用韵：言前辙，韵字：远、限。

[2-50] 全新雅兰，和谐自然，雅兰床垫床上用品。（广东南方电视台经济频道，2007年9月19日）

——用韵：言前辙，韵字：兰、然。

“洪韵”中的中东辙使用也比较多，例如：

[2-51] 这里的风景就像个五彩斑斓的梦，而生长在这片土地上的孩子们的梦是什么颜色呢？他们又如何去实现自己的梦？参与全球通积分公益行动，每个人都付出一点爱，让他们也拥有一个五彩斑斓的梦！让希望的太阳照常升起，我能！（云南卫视，2007年11月23日）

——用韵：中东辙，韵字：梦、能。

[2-52] 成功于超越之中，成就于天地之间。天高几许问真龙。（CCTV-5，2007年7月19日）

——用韵：中东辙，韵字：中、龙。

“洪韵”中的人辰辙，例如：

[2－53]成功不忘感恩心，九九重阳倍思亲，购车也能尽孝心，永达本田。（上海电视台第一财经频道，2007年9月9日）

——用韵：人辰辙，韵字：心、亲。

“洪韵”中的发花辙，例如：

[2－54]因为顾家，所以爱家，顾家工艺沙发。（CCTV－2，2007年11月16日）

——用韵：发花辙，韵字：家、发。

其次，“柔韵”在电视广告语言中是第二等级的韵。这一类共有80个，占总数的30.5%。下面我们举例说明。

使用怀来辙的，例如：

[2－55]将来我能打破十二秒八八吗？将来我能超越九秒七七吗？当然可以。只要你拥有健康，有健康才有将来，安利纽崔莱，你的将来呢？（BTV－6，2007年11月4日）

——用韵：怀来辙，韵字：来、莱（同音押韵）。

使用遥条辙的，例如：

[2－56]治疗感冒，对症用药，金感欣片，真心实效，用心人，选对药，金感欣片，上海方大，真心制造。（广东卫视，2007年9月29日）

——用韵：遥条辙，韵字：冒、药、效、造。

使用梭波辙的，例如：

[2 57]浦江门户位置，地铁就在家门口。一品漫城带您走进50万平米低密度社区。开启全新高尚浪漫生活，全新宽景艺术13.2米超大面宽，营造官邸式的居家生活。现代别墅科技与艺术的完美结合，3000平米波迪克风情会所。分享品质生活，和谐创造未来，一品漫城。(上海电视台第一财经频道，2007年10月2日)

——用韵：梭波辙，韵字：活、所。

使用由求辙的，例如：

[2-58]恒大御景半岛绝版临江别墅，彰显王者身份。户户望江，高层豪宅，以每平米4000元金钻装修。定义奢华新标准，五大内湖，欧陆园林，皇家游艇码头。收藏世界风情，引入花园酒店。湖内泛舟，风景独有。华灯初上，心归自由。成就尊贵人生，2.8公里私家岛岸生活。恒大御景半岛10月1日全球震撼发售。(广东电视台公共频道，2007年9月28日)

——用韵：由求辙，韵字：头、舟、有、由、售。

最后，“细韵”在电视广告中使用频率最少，这一类共有34个，约占总数的13%。下面我们举例说明。

使用乜斜辙的，例如：

[2-59]上海商友商联二手车经营有限公司，全国首创展厅销售模式。元旦来店选车，所有配件一律九五折。公司承诺杜绝事故车，展厅舒适的环境，赏心悦目的名车，公道的

价格，欢迎您来店赏车、购车。（上海电视台第一财经频道，2007 年 12 月 10 日）

——用韵：乜斜辙，韵字：车、折、格。

使用灰堆辙的，例如：

[2－60]风声雨声读书声，故事天天在发生；家事国事天下事，积木一拍说故事。河北卫视《天下故事会》，天天中午与您相会。（河北卫视，2007 年 12 月 6 日）

——用韵：灰堆辙，韵字：会（同字押韵）。

使用一七辙的，例如：

[2－61]咳嗽，痰咳不出，气喘，呼吸困难，慢支、哮喘、肺气肿反复发作，就用陈李济咳喘顺丸。陈李济咳喘顺丸去痰，从根上治疗咳嗽、痰多、气喘、呼吸困难等症状。用陈李济咳喘顺丸，纯中药我放心，咳不来的痰全出来了，胸口到喉咙从来没有过的舒服。不咳不喘没问题，天气变化没问题，呼吸顺畅没问题，一觉睡到大天亮没问题，专治反复咳、痰、喘没问题，老咳喘信赖陈李济。（广东南方电视台影视频道，2007 年 11 月 13 日）

——用韵：一七辙，韵字：题、济。

使用姑苏辙的，例如：

[2－63]精彩人生之路，百妮伴你起步，百妮儿童毛衣。（CCTV－7，2007 年 12 月 30 日）

——用韵：姑苏辙，韵字：路、步。

通过以上分析我们看出，在电视广告中，广告商总是自觉或不自觉地选择和运用合辙押韵造成的同音相应的回环复沓，使话语协调流畅，富于节奏感、音乐美，从而提高受众对语言的理解，促进受众记住广告传播的内容。

第六节 小 结

本章主要借鉴传统语音学的分析方法，从四个方面分析了电视广告语体的语音特征。电视广告中"男性音色占主体，女性音色居附属"的特点与广告学的"性别刻板印象"理论密切相关。平均语速的不同是区别不同电视节目语体的特征之一。电视广告中句子的节奏模式主要为二音步（两拍）。电视广告押韵的韵辙中洪亮音的"言前辙""江阳辙""中东辙"使用比例较高，这是电视广告语体的选韵特点之一。

在本章的讨论中，为了分析的方便，我们把音色的性别因素、平均语速、句子的节奏模式、押韵等四个要素单独对待。然而，各种语音成分在实现其语篇的表意、表情、表态功能时具有整体性，也就是说，某种意义的表达，往往不是由一种语音要素独立完成的。人们在语流中感知到的一系列抑扬顿挫、轻重缓急变化，是各种语音要素叠加的结果。

第三章　电视广告的代词

第一节　引　言

本章研究电视广告的代词。本章内容分为四个部分：第一部分研究电视广告的代词使用频率和各种代词的词频。代词的使用频率是语体分析的类型性[①]统计单位，各种代词的词频是语体分析的实体性统计单位。这一对电视广告语体中代词使用情况做一个总体的说明。

第二部分研究电视广告中第一人称和第二人称代词的使用情况。这一部分主要研究电视广告第一、第二人称代词的指称意义。

第三部分研究电视广告中第三人称代词的使用情况，包括："他/她/它"的照应、话题延续性和代词单位三个方面。

第四部分研究电视广告中指示代词的使用情况，包括："这""那"的照应、不对称性和直接指示三个方面。

---

① 此处所用的"类型性语体统计单位"以及后面的"实体性语体统计单位""格局性语体统计单位"等，这几个概念由李熙宗先生提出，下文会有所讨论。

第二部分到第四部分研究的指称意义、照应、话题延续性、代词单位、不对称性和直接指示等项目都是语体的语篇分析,这些分析项目都是语体分析的格局性(也即语篇结构)统计单位。

在讨论之前,我们先对与本章内容相关的理论、研究思路和方法进行一个简要描述。

第一,本章的相关理论。

我们先来看与本章相关的一些理论。代词也称指代词、指示词,有代替、指示作用。它跟所代替、所指示的语言单位的语法功能大致相当,也就是说,所代的词语能做什么句法成分,代词就能做什么成分。根据代词的作用,我们可以将其划分为三大类:代替人或事物的叫人称代词,表示疑问的叫疑问代词,指称或区别人、事物、情况的叫指示代词。使用代词有使语言简洁、经济的作用。人称代词包括第一人称、第二人称、第三人称。第一人称“我、我们、咱、咱们”指说话人一方。第二人称“你、你们”指听话人一方。第二人称的敬称用“您”。第三人称“他、他们”指对话双方以外的第三方,还可以指代事物,书面上为了分清人的性别和事物,称代男性用“他”,称代女性用“她”,称代事物用“它”。指示代词可以分成“近称”和“远称”。近称包括“这、这样、这里、这儿、这么”等;“那”为远称,包括“那、那样、那里、那儿、那么”等。①

张伯江和方梅认为,“指代词作为一个独立的词类完全是由于功能因素使它区别于其他词类。指代词一般总有所指代,它称代的对象要么是说话现场实际存在的,要么是前面语篇里已经出现过的,可以

① 人称代词有关说明详见黄伯荣、廖序东:《现代汉语》(增订三版),高等教育出版社2002年版,第27~28页。指示代词部分的有关说明见李佐丰:《广播电视语言》,北京广播学院出版社1998年版。

说，称代性是指代词的核心功能。”[①]他们还认为，指代词实际上是一个功能类。它与动词、名词、形容词这些有实在词汇意义的词不同，反映的是一种篇章关系，其所指实体只能在篇章中得到确认。但指代词又与典型的虚词不同，典型的虚词，如介词、连词、语气词，即使在篇章中也没有相应的所指实体，只有句法上的作用或篇章功能。本章的研究就是以代词“实有所指”“实有所代”[②]为基本认识的，我们对代词的分析是从篇章的角度进行的。

李佐丰在《电视专题片声画语言结构》一书中曾经指出：电视节目中画面长于表现具体的人、物、事。语言中有很多意义抽象的词语是画面难以直接表现的。表示指代的词语是意义最为抽象的词类之一。代词本身不表示具体的人、物，但它却可以指代其他的词语，乃至于句子。这种不直接表示人、物的代词，更难用画面直接表示。[③] 李佐丰在《广播电视语体研究回顾》一文中还指出，与纯粹在自然语言的基础上形成的口语体或书面语体相比，电视语体（包括电视广告语体）更像是一种独立的特殊语体，它“包含图像和语言等多种要素，图像和语言等符号同时作用于受众的视觉和听觉，是多种符号系统综合作用后所产生的一种语言变体。这种语体跟画面等密切相关，相应在用词造句和篇章结构上都有其特性”。[④] 从李先生的论述中我们可以看出，代词是电视广告语体中的一种重要词类，它涉及语篇和代词与

---

① 张伯江、方梅：《汉语功能语法研究》，江西教育出版社1996年版，第176页。

② 张伯江和方梅认为：代词除了实有所指的用法之外，还有“实无所指”的非指代化用法。所谓“实无所指”是指代词没有确定的指代对象，它既不存在于说话现场，也无法从上下文中找到回指和反指的对象。有这种用法的既有指示代词“这”，也有三身代词里的“他”和“你”。张伯江、方梅：《汉语功能语法研究》，江西教育出版社1996年版，第176页。

③ 李佐丰：《电视专题片声画语言结构》，北京广播学院出版社1999年版，第83页。

④ 李佐丰：《广播电视语体研究回顾》，《现代传播》2007年第1期。

画面的声画语言结构等诸多方面,是电视广告语体研究的一个重要内容。

王德春认为:“语体研究可以采用韩礼德等人发展起来的功能语法体系作为研究的框架,从概念功能、人际功能、话语功能及与之相应的语场、语旨、语式三个语境因素来确定各类词语和功能项目在不同语体里的频率和分布情况,归纳出不同语体的语言量化特征。”[①]从功能语法的角度来看,人际功能除体现在语气类型上之外,还体现在对包括代词等在内的词语的选择上。各种代词在语篇中的作用是不同的。代词除在语篇的人际功能中表现人际关系意义外,还在语篇中起照应等功能。第一、第二人称代词在语篇中的作用是在语篇的人际功能中表现人际意义关系,而第三人称代词在语篇中主要是起照应(衔接)功能。指示代词在语篇中也起语篇的照应(衔接)功能,不表现语篇的人际意义关系。

第二,本章的研究方法和思路。

统计分析方法是语体研究中的一种重要方法。在语体研究过程中,我们可以对某些语体统计单位进行分析,从而对语体特点进行量化说明。李熙宗提出语体分析的统计单位可分为三类:(1)实体性的,如拼音字母(音素)、音节(或字、语素)、词、词组、句子、句长等;(2)类型性的,如句型、句类、词语成色(性质),如国际词或外来词、术语、方言词、古语词等,句子的结构特征,如开端结构和结尾结构等等,语段的过渡成分或转折成分等等;(3)格局性的,如章法构造因素:篇章的

① 王德春、陈瑞端:《语体学》,广西教育出版社 2000 年版,第 162 页。

起端结构、承转结构和终端结构、某些程式的组成部分,等等。①

根据王德春和李熙宗的论述,我们对电视广告语体中代词的语体分析可以从两个层面来进行,一个是词汇层面,另一个是语篇层面。词汇层面的语体分析统计单位包括代词的词汇总量、代词的使用频率、代词词频三个方面。语篇层面的语体分析统计单位比较复杂:第一、第二人称代词涉及指称意义这一语体分析的统计单位;第三人称代词涉及照应、话题延续性、代词单位三个语体分析的统计单位;指示代词涉及照应、不对称性、直接指示三个语体分析的统计单位。这些格局性的语体分析统计单位的研究,可以在一定程度上揭示语体的差异。

第二节 电视广告的代词使用频率

这一节我们对电视广告中代词的使用情况做一个总体说明。我们先对不同语体中代词的使用频率进行比较,然后再来分析电视广告语体中代词的出现频率和各种代词的词频。

一、不同语体的代词使用频率统计

我们选取法律语体、政论语体、科技语体的代词词频进行统计,然后把这些语体的代词词类与电视广告语体的代词词类所占比例进行

① 详见李熙宗:《语体的描写研究与话语的语体分析》,载南开大学《语言学论辑》编辑组编:《语言学论辑》(第二辑),北京语言学院出版社2005年版。我们认为李熙宗所说的“格局性的”语体统计单位似乎应叫作“语篇结构的语体统计单位”,这一层面还包括语篇的衔接、连贯、关联、结构类型等。

比较。法律语体我们选取的语料是《中华人民共和国宪法》(修正案),政论语体我们选取的语料是《2009年政府工作报告》,科技语体我们选取的是高等学校理工科《计算机教程》部分章节。利用分词软件,我们统计出不同语体中代词的词汇总数、各类代词的使用频率,统计结果如下:

表3-1　不同语体①的代词使用频率

语体类型	人称代词总数及所占词汇总数的百分比	指示代词总数及所占词汇总数的百分比	代词总数及所占词汇总数的百分比	词汇总数
法律语体	5(0.057%)	34(0.39%)	39(0.45%)	8 679
政论语体	10(0.088%)	43(0.38%)	53(0.47%)	11 330
科技语体	9(0.073%)	34(0.28%)	43(0.35%)	12 340
电视广告语体	4 101(2.7%)	653(0.43%)	4754(3.16%)	150 643

二、电视广告中各种代词的词频统计

我们先对电视广告语料中各种代词的词频②进行统计,然后再与《现代汉语常用词表》中代词的词频频序进行比较。结果如下:

① 考虑到研究需要,我们把电视广告语体与其他上位语体进行比较。这样的比较,虽然在语体层次上不是太严密,也不够准确,但是能基本上反映出电视广告这种下位语体的特点。

② 词频,指在一定数量的语料中同一个词语出现的频度,一般用词语的出现次数或覆盖率来表示。《现代汉语常用词表》课题组编:《现代汉语常用词表》,商务印书馆2008年版。

表 3－2　各类代词的词频统计

电视广告的代词类型			电视广告中各类代词的词频	电视广告中各类代词所占百分比(%)①		《现代汉语常用词表》中代词词频的频序号
人称代词	第一人称代词	我	1 363	72%	1 879（100%）	16
		我们	486	26%		20
		咱们	30	2%		1 807
	第二人称代词	你	1 101	65%	1 703（100%）	69
		您	580	34%		443
		你们	22	1%		3 970
	第三人称代词	他	151	29%	519（100%）	11
		她	53	10%		55
		它	95	18%		75
		他们	103	20%		31
		她们	6	1%		815
		它们	4	1%		479
指示代词	指示代词“这”及其复音结构	这	280	43%	653（100%）	7
		这儿(边)	23	3.5%		1 987
		这里	102	16%		150
		这样	34	5%		73
		这么	72	11%		460
	指示代词“那”及其复音结构	那	99	15%		557
		那儿(边)	10	1.5%		3 732
		那里	6	0.9%		669
		那样	2	0.3%		530
		那么	25	3.8%		269

① 此处的百分比指的是每个代词占该类代词总数的百分比。如第一人称单数“我”的百分比为72%，就是指“我”占第一人称代词总数的72%。

三、统计分析

(一)不同语体的代词使用频率

从表3-1我们可以看出,不同语体的代词使用频率有很大的不同。法律语体、政论语体、科技语体中代词使用频率较低。这三种语体的代词使用频率分别只有0.45%、0.47%和0.35%。而在电视广告语体中,代词的使用频率为3.16%,是几种语体中代词比例最高的一种。

从表3-1中我们发现,科技语体中人称代词的使用频率占0.073%,而指示代词的使用频率占0.28%;法律语体中人称代词使用频率占0.057%,指示代词使用频率占0.39%;政论语体中人称代词使用频率占0.088%,指示代词使用频率占0.38%;电视广告语体中人称代词使用频率占2.7%,指示代词使用频率占0.43%。电视广告语体中人称代词使用频率和指示代词使用频率都是几种语体中最高的。从表3-1我们还发现,法律语体、政论语体、科技语体三种语体与电视广告语体在代词使用频率上的差异主要体现在人称代词上。四种语体的指示代词使用频率差别不大。

下面我们来分析这几种语体中代词使用频率差异的形成原因。

从表3-1中我们看到,电视广告语体中人称代词的使用频率远远高于其他三种语体。电视广告语体与法律语体、政论语体、科技语体有很大不同。电视广告语篇涉及的人物角色比较多,有:(1)广告主,发布广告的工厂、公司等生产者或经营者。他们希望将产品(当然也包括他们的企业形象)尽快推销出去,扩大知名度;(2)广告中的人物,在广告中说话或表演的人,直接或间接地承担各种宣传任务;(3)

消费者（电视机前的观众），听广告、看广告的人，其中有的将成为产品的直接消费者。以上三者共同构成了广告活动的人物系统。电视广告这种复杂的人物系统必然涉及众多的人物指称现象，这就使电视广告语体中人称代词的使用频率相对较高。

科技语体中，绝大部分语篇涉及的都是客观事物，而不是人。科技语体用陈列事实的方法说明问题，把事物本身的状态、变化、作用结果直接呈现在读者面前。所以，科技语体中，极少使用指人名词，连人称代词的使用频率也很低。相对而言，指示代词的使用频率却比较高。科技语体以客观事物作为动作者或主语，指示代词多于人称代词，使之从整体上产生一种叙事客观、分析理智的功能风格。法律语体和政论语体的人称代词使用频率也比较小，是因为这两种语体都不涉及交际双方的直接交往。和科技语体一样，这两种语体都用平实的语言阐述事实或论述某种观点，以求产生客观的效果。语言的选择主要受陈述内容的影响，较少受交际对象的影响。法律语体和政论语体都讲究语言的客观准确，都以描述客观事实或论说为主，很少使用指人名词和人称代词。

（二）电视广告中各种代词的词频

下面我们分别来分析电视广告中的各种人称代词词频和指示代词词频，并与《现代汉语常用词表》中各种人称代词词频和指示代词词频进行比较。

1. 电视广告中的各种人称代词词频

我们先来看电视广告语体中各种人称代词的词频分布情况。根据表 3－2 的统计，电视广告中人称代词共出现 4 101 次，其中，第一人称代词 1 879 次，占人称代词总数的 45.8%；第二人称代词 1 703 次，占人称代词总数的 41.5%；第三人称代词 519 次，占人称代词总数的 22.7%。电视广告语体中三种人称代词的使用频率排序依次为：第一人称代词 > 第二人称代词 > 第三人称代词。

就排在前四位的人称代词词频而言，电视广告语体中各种人称代词的词频分布情况为：我 > 你 > 您 > 我们。而《现代汉语常用词表》中各种人称代词的词频排列顺序则是：他 > 我 > 我们 > 他们。

根据以上分析我们发现，电视广告语体的各种人称代词词频与《现代汉语常用词表》人称代词的词频排列顺序存在较大差异。电视广告主要通过第一、第二人称代词的使用来加强与受众之间的沟通交流。使用第一人称具有较强的代入感和情景感，可以增加广告的真实性和可靠性。用第二人称给人一种相互交流的平等感和亲切感，而且，广告主也希望和受众之间有一种面对面沟通的效果，所以，在电视广告中，第二人称使用频率也比较高。而第三人称代词是指说话人和听话人以外的人，给人的距离感比较大，一般使用较少。

2. 电视广告中的各种指示代词词频

根据表 3－2 的统计，电视广告的指示代词使用频率为 653 次。其中，“这”及其复音结构一类的词频为 511 次，占指示代词总数的 78%；“那”及其复音结构一类的词频为 142 次，占指示代词总数的 22%。

就排在前四位的各种指示代词的词频而言，各种指示代词的词频分布情况是：这 > 这里 > 那 > 这么。而从《现代汉语常用词表》各种指示代词的词频排列顺序来看，“这”出现的次数也是最多的，排在第一位，其次是“这样”，再其次是“这里”和“那”，如果用公式来表示就是：

这 > 这样 > 这里 > 那。

从统计来看，电视广告语体中“这”及其复音结构一类的指示代词的使用比例远远高于“那”及其复音结构一类的指示代词。电视广告语体中指示代词的词频排列顺序为：“这”及其复音结构一类的指示代词 > “那”及其复音结构一类的指示代词。而从《现代汉语常用词表》指示代词的词频排列顺序来看，“这”及其复音结构一类的指示代词词频也都远远高于“那”及其复音结构一类的指示代词词频。这说明，电视广告语体中的各种指示代词与《现代汉语常用词表》中的各种指示代词的词频排列顺序类似。

第三节　电视广告的第一、第二人称代词

这一节从语篇的人际功能角度研究电视广告中第一人称代词和第二人称代词的指称情况。

一、人际功能与第一、第二人称代词

韩礼德提出的语言的三大元功能（即概念功能、人际功能和语篇功能）中，“最为独到的就是他对人际功能的论述”①。“所谓人际功能，指的是语言除了传递信息之外还具有表达说话人的身份、地位、态度、动机等功能。通过这一功能，说话人使自己参与到某一情景语境中，来表达他的态度，并试图影响他人的态度和行为。”②此功能还表示与情景有关的角色关系，包括交际角色关系，即说话人与听话人在

① 李战子：《话语的人际意义研究》，上海外语教育出版社 2002 年版，第 9 ~ 10 页。

② 胡壮麟等：《系统功能语法概论》，湖南教育出版社 1989 年版，第 204 ~ 205 页。

交际过程中所扮演的角色之间的关系。由此出发,系统功能语法对人际功能和人际意义进行的研究,使一些原来似乎是单纯的语法现象获得了从人际意义角度解释的新的理据。根据韩礼德的观点,语言的三个语义功能(概念功能、人际功能和语篇功能)与影响语言特点的三种语境因素(语场、语旨和语式)构成系统的对应。其中,与人际意义相关的语旨描述参与者的情况,它指的是,“话语的参与者,参与者的本质,地位和角色”①。每个人在社会中都有一定临时的或长期的角色,参与者之间社会角色的互动构成语旨。对于任何一种语体来说,参与者的角色关系都是至关重要的。电视商业广告中,参与者之间(即广告主与消费者之间)的关系是买者与卖者的关系。在不介入其他关系的情况下,买者(消费者)处于支配地位,可以根据情况随意决定买与不买,如果要买,买什么东西。而卖者(即广告主)一方面满足消费者的购买需要,另一方面则鼓动消费者多买。电视广告中,广告主总是试图拉近与消费者的距离。张德禄把这种关系称为“社会距离”②。电视广告中,广告主与消费者之间的“社会距离”最大。电视广告总是试图在厂商与受众之间建立起信任关系,来说服受众接受其产品或服务。支配人际功能的语旨通过人称系统(一般作为人称代词出现)表现出来。电视广告语篇的人际功能实现方式有两种:一种是广告厂商实现为专用名词(即广告商名称),这种情况在电视广告中出现频率比较少;另一种是在正文中实现为人称代词,电视广告中的人际功能部分地通过人称代词表现出来。电视广告语篇的人际功能实现为人称代词一般有两种形式:一种实现为第一人称代词,另一种实现为第二

① 张德禄:《语言的功能和文体》,高等教育出版社 2005 年版,第 80 页。

② 张德禄:《语言的功能和文体》,高等教育出版社 2005 年版,第 81 页。

人称代词。

电视广告中，广告主通过语言的使用来向心目中的受众配给角色（信息的接受者或提供者）。广告主可以把受众当作信息的接受者，也可以当作信息的提供者。电视广告既可以以发话者为中心（addressor-oriented），也可以以受话者为中心（addressee-oriented）。[①] 从人称代词的"指示"（deictic）意义（即所指的人在交际中的参与者角色）看，第一人称指发话者（addressor），第二人称指受话者（addressee）。发话者包括说话人（speaker）和写作者（writer）；受话者包括听话人（listener）和读者（reader）。[②] 但是，在电视广告语篇中，人称的实际运用并不总是和语法上的第一、第二人称相一致。广告创作者总是利用第一、第二人称代词的使用来创造一种亲密气氛，缩短广告商与消费者的社会和心理距离，这样可以提高广告的可信度和可靠性。"受众语旨要素在广告语体中以人称代词的形式出现，有利于拉近广告主与受众的距离（受众以第二人称身份出现），或者提高广告的可信度（受众以第一人称身份出现），可以增强广告的人情味。"[③]

二、第一人称代词的指称意义

第一人称指说话人一方"我、我们、咱、咱们"等。语料中第一人称代词使用情况如下："我"（1363 次）、"我们"（486 次）、"咱们"（30 次）。

电视广告语篇中人称系统的使用是相当复杂的。广告主通过广告与消费者进行交流，这些消费者有可能成为其商品或者服务的购买

---

① 黄国文：《语篇分析的理论与实践——广告语篇研究》，上海外语教育出版社 2001 年版，第 132 页。

② 黄国文：《英语语言问题研究》，中山大学出版社 1999 年版，第 41 ~ 47 页。

③ 袁晖、李熙宗主编：《汉语语体概论》，商务印书馆 2005 年版，第 411 页。

者。从这种意义上说，广告商是说话人，而消费者是听话人。可是这并非总是同广告主和消费者的指称相一致。电视广告中的第一人称代词的指称情况有三种：指称广告主，指称消费者，指称广告画面里的人物和消费者。下面我们分别举例说明。

(一)指称广告主

指称广告主的第一人称代词有“我”和“我们”。其中，指称广告主的“我”共363个，占第一人称代词单数“我”总数的26.6%；指称广告主的“我们”共121个，占第一人称代词复数“我们”的24.9%。下面我们分别举例说明。例如：

[3-1] 利用农作物秸秆锯末做门，变废为宝，我公司研制的秸秆门专利技术，成本低，防火耐用，强度高，生产简便，秸秆做门，找特瑞鑫公司，联系电话：010-51090838。(CCTV-7，2007年9月5日)

[3-2] 水是鱼的家，花是蝶的家，林是鸟的家，我是你的家。服务需求，传承文化，沈阳房交会。(CCTV-7，2007年9月5日)

[3-3] 有人想到创业，我们想到股票上市；有人想到竞争对手，我们想到合作伙伴；有人想到成功商业，我们想到财富保障。在瑞信，我们不断寻求新观点，把您的每个愿望变为现实。(上海电视台纪实频道，2007年10月1日)

[3-4] 1997年第一盒脑白金进入中国，2008年脑白金销量突破100亿。10年来脑白金坚持胶囊主要原料从美国进口，10年来每一盒脑白金都通过32道质量检验关，10

年来我们欣慰地看到他，他，还有他们真的年轻态。10年如意，广受信赖，脑白金销量突破100亿！（陕西卫视，2007年9月18日）

上述四个例子中的“我”都指称广告主，第一个例子中的“我”指称的是“特瑞鑫公司”，第二个例子中的“我”指称的是“沈阳房交会”，第三个例子中的“我们”指称的是“瑞信公司”，第四个例子中的“我们”指称的是“脑白金保健品公司”。

（二）指称消费者

广告画面里的人物也称作广告代言人，我们也可以把这些广告人物看作广告产品或服务的直接消费者。指称广告画面里人物，即直接消费者的第一人称代词有“我”“我们”“咱们”。

1. 第一人称单数“我”的指称

语料中“我”指广告代言人（直接消费者）的频率比较高，共出现1 000次左右，占语料中第一人称单数“我”总数的73.4%。例如：

[3-5] 帅是一种感觉，无论走到哪里我都喜欢这种被别人注视的感觉。PPG的感觉就很对，无论颜色面料还是剪裁，就是不一样，就是够有型！感觉对了，帅就是很自然的事。购买PPG衬衫，请拨打：400-8205678。YES PPG。（上海电视台纪实频道，2007年10月1日）

[3-6] 我第一次买兰诺用的时候，他说不用泡，那我很担心。用过兰诺泡洗以后，搁清水的盆里面，我发现里面真的没有泡泡，我也会介绍给现在正有宝宝的妈妈用。兰

诺柔顺剂，漂洗柔顺就一步。（CCTV－2，2007年11月16日）

[3－7] 甲　大哥，你喜欢喝茶的。

乙　所有中国的文化我都蛮喜欢的。

甲　好久不见你，漂亮了。

乙　谢谢！

甲　不是说你的人，我是说你的头发。

乙　那还不是因为你。

甲　为什么？

乙　我跟你一点关系都没有，我跟她没有关系的哦。你不要乱讲话哦，等一下绯闻又出来了。

甲　没有啦！我是说你代言的那个洗发水广告，霸王。

乙　你在哪里看见的？现在只有中国有的卖。在新加坡有吗？

甲　是我托我的朋友从中国带给我的。你知道我们拍戏的时候又要烫发，又要染头发，很伤头发的。你在广告里面说什么它是天然的，中草药配制的。

乙　看这盒子写着什么？“本草纲目，内调外养”。

甲　是真的吗？

乙　前面我也不知道，我拍了个广告我才学的。因为拍广告之前我都要问清楚别人卖的是什么。因为我觉得我们做艺人卖广告要负责任，不能乱拍。给钱你就拍，人家给很多钱，我拍一些我不喜欢的产品，假的产品我都不拍，我都要查过。据我了解，霸王的家族是一种祖传的秘方，它们用一种叫作什么皂角，皂角啊、当归、人参、首乌，一搞一摸就做个洗发水出来了，而且卖得很火。中药世家，霸王。（广州电视台，2007 年 11 月 15 日）

上面三个例子中的“我”指的都是广告画面里的人物，这些广告人物是以代言人身份出现的消费者。例[3-7]中的“我”的指称比较复杂，其中甲所说句中的 5 个“我”指称广告代言人孙燕姿；乙所说句中的 13 个“我”都是指代广告代言人成龙。

2. 第一人称代词复数“我们”的指称

语料中有 240 个第一人称复数“我们”是指广告画面里人物（直接消费者）的，占第一人称代词复数“我们”总数的 49.6%。例如：

[3-8] 因为她一旦有虫子，可能吸收不好嘛，就导致她营养不好。那段时间我就发现她皮肤比较干燥，脸色比较苍白，磨牙是最严重的，所以，她一个人生病我们全家人都很着急。吃了那个药，我们盼它能够打出来，全部都放下心来，现在在幼儿园还是比较活泼的孩子。两片驱虫，不留虫卵，史克肠虫清。（广东电视台新闻频道，2007 年 10 月 2 日）

[3-9] 这可都是宝贝！我们苗家世世代代全靠它！止咳嗽，不要太难受。咳速停，贵州百灵。（重庆卫视，2007 年 12 月 2 日）

上述两个例子中的“我们”都称指广告画面里的人物（直接消费者）。

3. 第一人称复数“咱们”的指称

语料中的 30 个“咱们”全部都是指画面中的人物（直接消费者）。例如：

[3－10] 甲　老婆，我给咱们孩子请了个保姆。

乙　保姆？孩子都上初一了还请什么保姆啊？

甲　你看，是眼保姆。你看看咱们孩子的眼睛，整天学习这么累，没有眼保姆怎么行啊？来来，我给孩子送过去。

乙　人家家长都买了吗？

甲　你问问去，人家都买啦！眼保姆让孩子近视不再发展。孩子近视了，请个眼保姆。如果你想让刚刚近视的孩子恢复视力，如果你想让孩子的视力不再下降，那么，请即刻拨打屏幕上的订购电话。早一天拥有眼保姆，早一天还给孩子清晰的世界。你还犹豫什么呢？眼保姆标准套组 990 元，还可获赠眼保姆明菊胶囊两盒。补充孩子的眼睛所需营养和微量元素，不仅如此，如果你在十分钟内打进电话，还可获赠眼保姆坐姿矫正器一个。（上海电视台电视剧频道，2007 年 9 月 6 日）

[3－11] 甲　第一次当父母才发现要学的东西还真多啊，你没觉得他每天都带给咱们许多惊喜？

乙　真希望把所有美好的东西都给他，一样给俩，我选择伊利 A＋B 幼儿配方奶粉，它的 A 系统帮助脑部全面发育，B 系统让益智营养有效吸收。你看，你看，这肯定是遗传了我的聪明劲。

甲　他可比你聪明多了。

乙　咱们的选择是没错的，智力添动力，伊利 A＋B。（CCTV－6，2007 年 10 月 1 日）

上述例子中的“咱们”也是指称广告画面里的人物，即画面里的说话人和听话人。电视广告中的“咱们”全部都出现在对话里。电视广告中“咱们”的用法都是排除式的而不是包括式的，也就是说，只包括电视广告画面里的说话人和听话人，不包括电视机前的观众（潜在消费者）。

使用第一人称代词可以缩短电视广告内容与观众的距离，使受众产生亲切感，从而增强电视广告的传播效果。广告主诉诸某一位或几位代言人（直接消费者）的话来推销其商品或服务，可以使其广告显得更客观。从广告传播的角度来看，达到最佳效果的一种途径就是运用某类角色去激发消费者的认同感。正如广告大师大卫·奥格威所说：“你应该在你的文案中用用户经验谈。比起不知名的撰稿人的话，读者更易于相信消费者的现身说法。”①

（三）指称广告画面里的人物和消费者

“我们”是汉语中表示第一人称复数的人称代词，在语言运用中主要有两种用法：一种是包括听话人在内的，是包括式（inclusive）；一种是排除说话人在外的，是排除式（exclusive）。② 电视广告语料中，大部分“我们”的用法都属于包括式，也就是包括广告画面里的人物（直接消费者）和电视机前的观众（也可以称作潜在消费者）在内的。

语料中包括式的第一人称“我们”共 245 个，占第一人称代词复数“我们”总数的 50.4%，也就是说电视广告中一半以上的“我们”都是“包括式”。例如：

---

① 〔美〕大卫·奥格威著，林桦译：《一个广告人的自白》，中国友谊出版公司 1991 年版，第 100 页。

② 唐雪凝：《对外汉语语用的多维度研究》，中国海洋大学出版社 2007 年版，第 83 页。

[3－12]2008统一方便面，携手北京奥运。让我们一起向世界展示中国更快、更强、更好的一面！（BTV－1，2007年8月7日）

[3－13]即日起购买海昌护理液新年活动装，即有机会获得24K迎春金牛。更多奖项，更多惊喜，尽在海昌护理液新年活动装。我们的美丽，海昌隐形眼镜。（湖南卫视，2007年12月25日）

[3－14]给家人的爱，我们总想多一点，除菌也要多一点。松下阿尔法系列，创新光动银银离子除菌，加上更强劲的羟基除菌，双重除菌，更强更有效，PANASONIC。（广州电视台新闻频道，2007年9月20日）

上述三例中的共称“我们”不仅包含广告画面里的人物，还包含电视机前的观众。

广告画面里的人物借助“共称”将受众引入自己一方的情境，或将自己引入受众的情景中，目的都在于“寻找共同点”，促进产品销售。电视广告中说话人借助“我们”等复数人称的使用，将自己（或者对方）引入对方（或者自己）所处的某种情景，以这种虚拟的“共同处境”来加强与电视机前的潜在消费者的情感交流，进而有助于自己更好地实现交际目的的策略。广告主通过广告代言人使用第一人称复数“我们”将电视机前的潜在消费者和自己放到同一方，好像他们具有共同的利益一样。这种将广告商和消费者之间差别和利益模糊化的做法，有利于使消费者建立起对广告商或其商品、服务的信任，从而进一步采取购买行为。

三、第二人称代词的指称意义

第二人称“你、你们”指听话人一方，敬称用“您”。电视广告中第二人称代词使用情况如下：“你”1101 次，“您”580 次，“你们”22 次，“君”[①]59 次。

消费者的人际功能除了实现为第一人称之外，还可以实现为第二人称代词“你”“您”“君”“你们”。电视广告中，广告主还可以使用它特有的第二人称敬称“您”或“君”来体现对消费者的礼貌。第二人称代词在广告语言中充当受众指称的机会很多，这主要和广告主力求营造一种与消费者面对面的交际氛围的心理有关，而拉近这种面对面交际距离最方便、最直接的办法就是使用第二人称，从而使每一个可能的受众在接触广告时会立即获得一个交际参与者的角色。下面我们分别举例说明。

（一）指称广告画面里的人物

“你”“您”“你们”都可以用来指称电视广告画面里的人物，而且一般都出现在对白里。独白和旁白类的几乎不出现第二人称代词指代广告画面里人物的情况。但是总的来看，第二人称代词指代广告画面里人物的广告数量比较少。据语料统计，这一类的数量共有 300 个左右，占第二人称总数的 18% 左右。下面我们举例说明。例如：

[3－15]甲　亲爱的，营养早餐做好了吗？

　　　　乙　我正在做啊。

① 李佐丰先生认为，“君”实际上是一个名词，可以用来称呼对方，表对对方的尊重。“君”有指代作用，可以当代词使用。

甲　我以为你在做早餐呢。

乙　飞利浦正在帮我做呢。我的早晨就这么悠闲。因为有智能电饭煲,营养保温,轻松准备健康早餐;多功能时尚榨汁机,保存完整营养。我要营养健康的早餐,我有飞利浦。(上海电视台新闻综合频道,2007年12月12日)

[3-16] 甲(邻居)　小李,你去哪啊?

乙(小李)　我爸感冒了,看病去。

甲(邻居)　我妈也咳嗽,不如一部车吧。

乙(小李)　打什么车啊?拐个弯就到了。

甲(邻居)　我才不去社区卫生服务中心呢。

丙(医生)　您还有别的不舒服吗?

丁(父亲)　没有。

甲(邻居)　你们这么快就看好啦?

丁(父亲)　看得快,好得快。儿子才好放心。

乙(小李)　爸,咱回去好好聊聊天。

乙(小李)　多点时间,多分精彩,就是这么简单。(上海东方电视台,2007年10月29日)

[3-17] 甲　李总,回来这么晚啊。停车发票给您。

乙　这广场的产权应该是全体业主共有的吧?你们收费合适吗?

甲　您看这里有业主大会的委托书,收益时的分配和使用都按物业合同的约定实行。

乙　行,有约定就好。

甲　我们每个月初还会把上个月的收支明细表张贴出

来,供大家查看收益的数目和开支呢。(广东电视台珠江频道,2007 年 11 月 8 日)

上述三例中,例[3-15]是两个广告人物之间的对话,“你”指称电视广告画面中的人物。例[3-16]是飞利浦电器“多点时间,多分精彩”电视广告,这是一个涉及四个人物角色的多人会话,例中的“你”“您”“你们”分别指代“小李”“小李的父亲”“小李和他的父亲”。例[3-17]是广州市国土资源和房屋管理局所做的有关物业收费的广告,广告中的“您”指代李总,“你们”指代物业公司。

(二)指称消费者

指称消费者(即电视机前的观众或称作潜在消费者)是电视广告第二人称代词的最主要用法。电视广告中的绝大多数第二人称代词都是这种用法。电视广告语料中,指称消费者的第二人称代词共 1 403个,占第二人称代词总数的 82%。

指称消费者的第二人称代词又可以分为一般指称和敬称两种情况。下面我们分别讨论。

1. 第二人称代词的一般指称

第二人称代词的一般指称是指使用“你”和“你们”的情况。我们先来分析第二人称代词单数“你”。电视广告中人称代词“你”使用较多。例如:

[3-18] 它软软的,有弹性,而且还可以转变成各种形状。你知道是什么吗?FLOAM!你可以感受到 FLOAM 给你带来的乐趣,转动、塑造、覆盖,这些 FLOAM 都可以帮你

完成。看！现在你可以发挥你的创造力，用 FLOAM 做出惊人的形状。FLOAM 将这个木化实验变得活灵活现，FLOAM 可以使这辆普通的玩具车变成急速赛车，或者将这座简陋的玩具房子变成一座大厦。FLOAM 几乎可以粘成任何东西。当你在玩 FLOAM 时将它糅合，一切完成之后你可将它硬化，变可永久保存了。把 FLOAM 带到户外，乐趣更是无穷哦！装饰你的自行车，一个滑板，你的鞋子，FLOAM 在手，快乐永不止！现在就订购吧！还有更多的优惠，向我们的导购员询问我们的超值家庭装吧。（BTV－10，2007 年 8 月 27 日）

[3－19] 2007 伊利味可滋瑞丽封面女孩大赛地区赛火热进行中，主要赛区全国引爆搜索风潮，7 月 16 日北京，7 月 23 日大连，8 月 2 日成都，8 月 15 日广州，8 月 24 日杭州，我们期待你的到来。（上海教育电视台，2007 年 9 月 15 日）

[3－20] 白芙素睡眠保湿面膜，一边睡眠一边补水，水嫩肌肤睡出来。亮出你的白，白芙素。（CCTV－3，2007 年 8 月 31 日）

上述三例电视广告中的“你”都是指称消费者的。在电视广告中，广告主为了获取理想的效益，常利用第二人称“你”将枯燥呆板的独白广告变成轻松活泼亲切的对话广告，以营造一个良好的交际对话语境。

我们再来分析第二人称代词复数“你们”。总的来看，相比于第二人称单数“你”和“您”，电视广告中第二人称代词复数“你们”使用得非常少。例如：

[3－21] 紧追权威事实，热议经济现象，暖叙民生情怀。2008年1月5号起《海南新闻》改版，扩版时长增至25分钟。旅游卫视首播时间提前至18点30分，更多更新资讯，更早更快知道。更实战地传播，更灵动地表达，我们最高的追求是走近你们！（旅游卫视，2007年12月27日）

[3－22] 小朋友们，丑小鸭和它的朋友们正等着你们呢！根据安徒生童话改编的《妈妈的丑小鸭》即将在上海木偶剧团仙乐斯展厅隆重登场。演出时间：12月21日至28日，1月1日至11日上午10点、下午3点。演出地点：上海南京西路388号仙乐斯广场5楼。订票热线：63345200，63345200。（上海东方卫视，2007年12月24日）

上述两例中的"你们"都指称电视机前的观众。杨先顺认为，从叙事学角度来看，广告中不同叙事人称有不同的作用：第二人称给人一种相互交流的平等感和亲切感，由于第二人称复数的亲近感要比第二人称单数差许多，所以第二人称复数在广告中应尽量少用。[①] 这一点在电视广告中也同样存在，电视广告语料中"你"共使用1 101次，而"你们"的使用仅有22次，前者的使用频率是后者的50倍。

2. 第二人称代词的敬称

第二人称代词的敬称是指使用"您"或"君"的情况。电视广告中敬称"您"使用的也比较多，它出现的频率仅次于"你"。例如：

[3－23] 在这里，您可以体会马上驰骋的愉悦和急速运动的刺激；在这里，您可以享受清新的空气、优美的风景；在这

① 杨先顺：《广告文案写作原理与技巧》，暨南大学出版社2000年版，第212页。

里，您还可以品尝到有机蔬菜、美味的烧烤、新鲜的水果；在这里，您可以度过一个完美的假期。太湖牛仔乡村俱乐部期待您的光临。（东方明珠移动电视，2007 年 10 月 4 日）

[3-24] 地处西康路的东方亚克西餐厅是一家具有浓郁民族风情的餐厅。特色的菜肴让您尽享西域天山脚下的丰盛美味。每晚还有来自新疆美丽的姑娘为您呈现精彩。欢快的歌舞表演将您带入一个欢乐愉快的新天地，东方亚克西将以舒适的环境、可口的菜肴、温馨周到的服务恭候您的大驾，亚克西。（上海东方电视音乐频道，2007 年 10 月 1 日）

上述两例电视广告中，都使用了“您”。我们知道，只有在友好的互动中，广告主才能收到良好的经济效益和社会效益。“您”是“你”的尊称形式，在第二人称中用得比较多，“您”的使用更能反映出广告主对消费者（“上帝”）的一种礼貌、祈盼、恳请和附和。用“你”和“您”都有缩短交际距离的功效，前者倾向于直接坦率，后者则更礼貌一些。

电视广告中使用敬称“君”（共出现 59 次）和使用“您”的用法相似，都表达一种礼貌和敬称。例如：

[3-25] 美酒加咖啡，与君共陶醉。（CCTV-7，2007 年 12 月 7 日）

[3-26] 陈藏 20 多年基酒，太白大手笔。太白大手笔，知君味，明君心。太白大手笔。（CCTV-2，2007 年 11 月 1 日）

从上面的分析我们看出，第二人称代词“你”“你们”“您”（“君”）都是直接指称消费者的，这样可以使广告产品更具人性化特征，使读者更容易接受。第二人称代词的使用可以使消费者积极投入到与广告主的直接对话中去。

通过以上分析，我们看到，电视广告语篇的人际意义部分地包含于人称系统中，一般作为第一、第二人称代词出现。广告主为了缩短与潜在受众的心理距离，使劝导成功，实现预期的广告交际价值，常以"我""我们"自称，换得与受众的平等地位，博取潜在受众的信任；以"你""您"指称受众，与消费者形成一种直接对话的关系，从而达到更好的劝说效果。

第四节　电视广告的第三人称代词

第三人称代词主要是指说话人和听话人以外的第三者或其他人。和第一、第二人称代词一样，它也可以分为单数和复数。在言语活动中，它一般不是谈话的直接参与者，但在特定语境中可以用来指说话人或听话人。在电视广告中，第三人称代词的所指对象或所指信息离不开语境，往往体现为一种动态的语境指示信息，否则很难成功地实现交际目的或正确理解信息。也就是说，对第三人称代词的理解需要依赖一定的语境信息，尤其是非语言语境信息。非语言语境知识，比如电视广告画面语境、广告主和消费者的共有知识、经验等对确定电视广告语言中某一结构的特定指示信息具有重要作用。

徐赳赳曾经指出："在话语分析里，研究人称代词时，通常把注意力放在第三人称。可能的原因是，在口语中，第一人称和第二人称的使用，情景依赖很强，便于区分。书面语中，第一人称和第二人称出现在对话里时，通常直接用引号标出，而且对话前也常标出某人说之类较明确的发话人，便于读者判别。如果用第一人称陈述，文章通常先交代陈述者。这样，读者对判断第一、第二人称相对来说比较简单。而第三人称不但可以出现在对话中，更多地出现在叙述中，指代的情况就显得更为复杂。"①

由于第三人称代词的复杂性，本节把第三人称代词的研究范围限定在单数的"他/她/它"的照应、话题延续性、代词单位等三个方面。此外，我们还把电视广告语体的第三人称代词"他/她/它"与其他语体的"他/她/它"进行对比，以期发现电视广告语体的第三人称代词的特点。

一、第三人称代词的照应

照应(reference)是话语语言学上的一个术语，是由系统功能学派的创立者韩礼德于20世纪70年代在他和哈桑(Hasan)所著的名作《英语的衔接》(*Cohesion in English*)中提出来的，在我国一般被译作"照应"②，但也有译作"指代"③的。它不是一种语法结构关系的呈现，而是一种语义关系的反映；④是指在语篇中，某个词语或成分不能自己解释自己，即不能从该词语本身得到解释，而必须从该词语所指的对象中寻求答案的一种语言现象，也就是指"语篇中一个成分做另一个成分的参考点，一个语言成分与另一个可以与之相互解释的成分之间的关系"，"更确切地说，它是语篇中的指代成分与指称或所指对象之

① 徐赳赳：《现代汉语篇章回指研究》，中国社会科学出版社2003年版，第106页。
② 如黄国文《语篇分析概要》、胡壮麟《语篇的衔接与连贯》等都译作"照应"。
③ 如张德禄的《*Cohesion in English* 导读》。
④ Halliday, M. A. K. and Hasan, *Cohesion in English*, Cambridge University Press, 1976, p. 32.

间的相互解释关系”。[①] 韩礼德的“照应”关系分为两种：内部照应（简称“内指”，endophora）和外部照应（简称“外指”，exophora）。内部照应指的是语篇中某个语言成分的参考点可以从语篇内部的上下文中找到，其中从上文中得到解释的称作“回指”（anaphora，也叫前指、复指），从下文中得到解释的叫作“下指”（cataphora，也叫后指、反指、预指）；而外部照应的语言成分参考点则不存在于语篇内部，必须从语篇外部，即需要到语言情景中寻求答案。

由于电视广告语言与画面、字幕、音乐、音响等语境因素的共现，因此，电视广告语言中人称代词的指向不同于传统语篇中内指和外指泾渭分明的简单关系。电视广告语言中，第三人称代词指向性分为内指性、外指性和内指兼外指性三种。

（一）内指性人称照应

内指性的人称照应是指，人称代词所指称的人物只出现在电视广告语篇中，而没有出现在画面中，人称代词与电视广告语言内部的指人（或指物）名词、词组形成照应。电视广告语言中的内指性人称照应又可分为两种情况，即回指照应和下指照应。根据我们的统计，电视广告语体中的内指性人称照应大部分都是回指的。这与张伯江和方梅对书面语体和口语语体中人称代词的指称照应研究结论类似。张伯江和方梅认为，第三人称代词主要是一个回指代词，汉语里大量的用例是名词在先，用来指它的代词在后。相反，先出现代词，然后再出现它所指的名词，这类下指现象是比较少的。[②] 根据他们的统计，书面

① 朱永生等：《英汉语篇衔接手段对比研究》，上海外语教育出版社 2001 年版，第 15 页。
② 张伯江、方梅：《汉语功能语法研究》，江西教育出版社 1996 年版，第 178 页。

语里以下指方式引入名词的只占10.59%，而在现代汉语口语里下指现象则更少。

1.回指照应

一个人或物第一次被引入电视广告语篇时，一般以名词的形式出现。这个人或物再次出现时，往往可以以人称代词来表示指称。这种指称形式是电视广告中常见的回指照应。例如：

[3-27] 父亲说过吃上老鼎丰月饼才算真正过节了。可那个时候他总是把最好的留给我们。我长大了，父亲也老了，可老鼎丰一直是我们心底最好吃的月饼。当初父亲给我最好的，我也给他最真的。至真亲情之礼，老鼎丰月饼。(黑龙江卫视，2007年9月15日)

[3-28] 每个孩子都能像郎朗那样成功，爱他，养他，教他，给他更好的，雅培喜康力与培乐系列IQ配方促进智力发育，雅培智选IQ配方，不含棕榈油。(上海电视台电视剧频道，2007年9月8日)

[3-29] 人到中年，又是近视又是老花，一副眼镜都不够用了。茂昌科技推出代表当前光学制造业尖端水平的渐进多焦镜，它采用焦点渐变技术，不论看近还是看远，只要转动眼睛，通过镜片上渐变的焦点都可以清晰成像。近视，远视，散光，老花，一副眼镜轻松搞定，茂昌渐进多焦镜。(上海电视台纪实频道，2007年12月24日)

例[3-27]中，人物第一次出现时，使用了名词“父亲”，后面再次提到时，使用了代词“他”。“他”和“父亲”形成一种回指照应关系。

例[3－28]中的四个“他”指代的是上文中的“每个孩子”，彼此形成照应关系。例[3－29]中“它”回指上句中的“渐进多焦镜”。这些例句中的人称照应都是回指照应。

2. 下指照应

在一般的文学作品中，有时可以使用人称照应的下指形式，即人称代词先于指人名词或词组出现。这种下指照应的运用具有特殊的修辞效果，可以增加文章的悬念，吸引读者继续往下阅读。在电视广告中，采用下指照应的情况比较少见。例如：

[3－30] 他是乐坛一哥，他是音乐顽童，她是芭蕾公主，她是快乐主播，七大名师坐镇江苏卫视，谁能成为真正的名师？11月24日，《名师高徒》炫丽开场。（江苏卫视，2007年11月17日）

[3－31] 她，坐拥名山丽水和城市一同迈进。她，怀揽蓝天碧海和白鹭一起翱翔。圆一个食品制造专家的梦想，成就一个食品工业的腾飞，成熟稳健的银鹭人，正用不懈的努力和执着的探索，将绿色、健康与美味，传递到社会的每个角落。百年品质，健康未来，银鹭。（贵州卫视，2007年12月1日）

[3－32] 它是城市的地标，它是城市繁华的写真。商业空间的兴与衰，城市经济的晴雨表，中国首档商业地产实战栏目《第一地产》，决战商场。（上海电视台第一财经频道，2007年11月16日）

例[3－30]中，“七大名师”指的是江苏卫视《绝对唱响》节目的七位著名歌星或主持人,他们是:高凌风、孙楠、顺子、林志炫、梁咏琪、游鸿明、巫启贤。例中“他”与“她”这两个代词与后面的名词“七大名师”形成下指照应。为了达到引人入胜的效果,在使用四个人称代词“他”和“她”之后,指人名词“七大名师”才出现。也就是在片子的最后,观众才明确人物的身份。例[3-31]中的“她”是下指指代,指代的是“银鹭(集团)”。例[3-32]中的“它”指代下文中出现的电视栏目“《第一地产》”。

(二)外指性人称照应

在电视广告中还有一些人称代词做外指人称照应,也就是说,电视广告中的指称对象只在电视广告画面中出现,不在语篇内部形成照应关系。由于电视广告语篇篇幅短小,播出时长非常有限,不可能使用内指性人称照应占较大的比重,于是把很多信息放在电视广告的画面等情景语境之中,这就导致了电视广告的外指人称照应成为一种重要的类型。例如:

[3-33](画面:妈妈拿着儿子的脏衣服向另外一个妈妈抱怨。一个小男孩从她们身边跑过)

甲　这么脏,真不知道他都玩什么啦!

乙　他的细菌可能都藏进衣服里了。汰渍联手舒肤佳,有效去除看得见的污渍和看不见的细菌,里外去渍又除菌,含舒肤佳的汰渍洁净除菌,兰诺汰渍之选。(广州卫视,2007年10月23日)

[3-34](画面:爱琴海岛的风景。一对年轻恋人在海边散步)

2007年10月,旅游卫视旅游俱乐部携手蒙牛特仑苏、中国娇子、V2视觉摄影，开启随心旅行。这里是丘比特的故乡，这里是摄影家的天堂。带上最心爱的她，在爱琴海岛，期待地老天荒，准备好了吗？精彩旅程，期待与您共同分享。（旅游卫视，2007年10月1日）

[3－35]（画面：女士甲和女士乙在谈论天天清护肝茶，女士甲的丈夫坐在旁边）

甲 你是不是以为他常常犯困是因为工作太累？

乙 他常常大醉是因为应酬太多。

甲 你是不是以为他的将军肚只是单纯的中年发福？你是不是以为他的坏脾气是因为他不再爱你？你看过他的体检单吗？

乙 酒精肝、脂肪肝正在侵蚀他的健康。天天清护肝茶，提取天然中药精华，24小时养护肝脏。

丙 肝好了，不困也不累，精神也好了，肚子小了，脾气还好多了。肝舒服，酒量大了。

甲 那也要少喝点。真没想到改善了他的脂肪肝，改变的会是我们的生活。养肝护肝，轻松喝好脂肪肝。天天清护肝茶，天天护肝，一杯就好。（广西卫视，2007年11月11日）

例[3－33]中的“他”指代画面中的男孩。在语篇上下文中，我们无法找到其指称对象。只有结合电视广告的画面，我们才能明白。这个例子当中人称代词“他”与画面中的小男孩形成外指关系。例[3－34]中，“她”指代的是画面中说话人（年轻小伙子）的恋人。例[3－35]中的八个人称代词“他”都指代画面中女士甲的丈夫。这三个例子中的第三人称代词都是外指的,所指的人都在画面中。

相比于其他电视节目,较多地使用人称代词外指功能是电视广告语篇的一个特点。崔丽在研究电视纪录片时发现,电视纪录片解说词中一般不使用单纯的人称代词外指照应。在她统计的34部纪录片中,没有一例是人称代词直接外指的。[①] 也就是在用人称代词指向画面中的人物时,在解说词前文中也会先有某些交代,即使是在解说中第一次介绍某人时,也是如此。

(三)内指兼外指性人称照应

电视广告中的人称代词指向语篇中出现的人或物,同时,这些人或物又出现在画面中,观众可以同时从视听两种途径将人称代词与其所指对象联系起来。这样,电视广告语言中的第三人称代词就可能兼具内指性和外指性,形成内指与外指相结合的情况。例如:

[3-36](画面:主持人在不同的场景面向观众介绍)

2008北京万众瞩目,2008北京展露新颜。北京卫视新闻节目《见证新北京》为您一一展现。这里就是国家体育场——鸟巢,它见证了北京将科技、绿色、人文完美融合的未来理念。我现在站的位置就是中国国际展览中心新馆,它的建成见证了北京向国际舞台的最前沿又迈进了一部。在我身后是修缮整治后的前门大街,它见证了北京这座城市传统与时尚元素完美地相互融合。这里就是机场快速线了,它见证了北京这座城市越来越快

① 崔丽:《电视纪录片解说词的衔接机制研究》,中国传媒大学博士学位论文,2006年。

捷便利的轨道交通网络。让世界从 BTV 了解新北京,让新北京从这里走向世界。大型新闻节目《见证新北京》邀您一同见证。百年交行见证新北京,《见证新北京》由交通银行北京分行赞助播出。(BTV -3,2007 年 12 月 24 日)

[3 -37] (画面:贝因美奶粉特写)

想做冠军,宝贝就要喝贝因美奶粉,它专为中国宝宝研制,更适合我们体质。贝因美。(CCTV -7,2007 年 11 月 1 日)

[3 -38] (画面:多力葵花油特写)

选油我选多力葵花油,它独有充氮保鲜技术,不含任何人工防腐剂。健康才是真冠军,多力葵花油。(上海电视台电视剧频道,2007 年 8 月 30 日)

[3 -39] (画面:一位年轻女士拿着化妆品向电视观众推荐,一个好朋友站在她的旁边)

几年前,她羡慕我早早就找到好老公。现在,我羡慕她有份自我价值肯定的工作。其实,每一个女人永远追求的都是美丽,也只有美丽值得长久经营。现在我有两个事业:一个是家庭,一个是自然美。成功不是偶然,是自然的。(上海电视台生活时尚频道,2007 年 11 月 20 日)

例[3 -36]中的四个人称代词"它"分别指代上句中提到的"国家体育场——鸟巢""中国国际展览中心新馆""前门大街""机场快速线",广告代言人在说出这些话语的同时,电视画面中也相应地出现了广告代言人所提到的这四个场景。在例[3 -37]和例[3 -38]中,

"它"分别指代上句中提到的"贝因美奶粉"和"多力葵花油",画面也同时显示了这两种广告产品。例[3-39]中代词"她"指代的是画面中说话人的好朋友,也下指文中的"每一个女人"。这四个例子中的代词"它/她"都兼具外指与内指的功能。

二、第三人称代词的话题延续性

第三人称代词在语篇中的作用是话题延续性的重要研究内容。话题的延续性是话题研究(语篇研究)的一个重要方面。在交际中,为了顺利地传递信息,就要使语句连贯。用于交际的一组句子之间,应该保持功能、形式等方面的延续性。语言学家 Givón 把话题延续性分为三种:一种是主题延续性(thematic continuity);一种是行为延续性(action continuity);还有一种是话题/参与者延续性(topic/participant continuity)。Givón 还提出了三种测量延续性的方法,即回数法(look back)、歧义法(ambiguity)和衰减法(decay)。[①]

在对电视广告语言的人称照应情况进行研究时,我们认为回数法(即测量指称距离)是一种较为有效、可行的方法。"回数"就是向左数小句(就书面材料而言),具体来说,以语篇中的一个"他/她/它"所在的小句为出发点向左数,这个起始小句不计算在内,一直数到另一个同指的"他/她/它"或同指的名词出现的小句为止。数出两个"他/她/它"之间或名词和"他/她/它"之间所间隔的小句。我们把这相隔小句的数称为值(value),而把"他/她/它"称为实例(token)。将值的总数除以实例的总数,就会得到一个平均值。值的大小反映出延续性

① Givón. T. (ed.), *Topic Continuity in Discourse Analysis: A Quantitative Cross-Lingustic Study*, Amsterdan: John Benjamins Publishing Company, 1983.

的强弱:值越大,延续性越弱;值越小,延续性越强。①

我们来看这方面的例子。例如:

[3 -40] 还在为找不到合适的礼品犯愁吗?还在为送出俗气的礼品难堪吗?佳节临近,送礼就要送健康。精选陈年老酿的红楼梦中沱茶香,外形典雅,内涵丰富,它1是佳节送礼的上上之选。放上几年那收藏的价值可就不一般啦。送礼就要送健康,它2是佳节送礼的上上之选。现在拨打400 -7008816,010 -68421818,您就可以拥有。现在订购还有限量赠送800元24K紫砂茶具一套,先订先得,数量稀缺,机会有限。(BTV -1,2007年12月27日)

[3 -41] 你相信我是魔法师吗?变出一颗星,给你给大家。它1是全家福的温馨,它2是群星闪耀的动心,它3是朋友相聚的开心,它4是普天同庆的欢心。2008北京电视台春节晚会,将所有的心汇聚全部献给你们。(BTV -4,2007年12月27日)

例[3 -40]中人称代词"它1"与上句中的"红楼梦中沱茶香"形成回指照应,间隔2个小句,值为2;"它2"与"它1"之间间隔3个小句,值为3。在这个句子当中,代词"它"的实例为2个,值为5,平均值为2.5。例[3 -41]中人称代词"它1"与上句中的"一颗星"形成回指照应,间隔2个小句,值为2;"它2"与"它1"之间间隔1个小句,值为1;"它4"与"它3"之间间隔是1个小句,值为1。在例[3 -41]中,代词"它"的实例为4,值为5,平均值为1.25。

---

① 徐赳赳:《现代汉语篇章回指研究》,中国社会科学出版社2003年版,第111页。

运用这一方法，我们对语料中的第三人称代词“他/她/它”进行了统计，并将统计结果与徐赳赳①和崔丽②的研究结果进行对比，结果如表3－3所示：

表3－3 “他/她/它”的“值”

语料	“他/她/它”的“实例”	“值”	平均值
报刊叙述文	1 273	3 202	2.52
电视纪录片	523	916	1.749
电视广告	299	407	1.36

电视广告语料中，“他/她/它”共出现299个，值为407，平均值为1.36。两组数据对比可知，电视广告中第三人称代词“他/她/它”的平均值(1.36)远低于其在报刊语篇的平均值(2.52)，也低于电视纪录片的值(1.749)。也就是说，在电视广告中，代词“他/她/它”与相应的指人(指物)名词或词组，以及代词之间的距离更为接近。这与电视广告这种语体的特性有关。

通过以上的分析，我们发现，电视广告语篇中的人称代词与指人、指物名词的距离比一般的语篇要短。这同样是为了适应电视广告这一口头语篇的特点，使人称代词与指人、指物的名词或词组之间保持紧密的联系，减少信息衰减。与报刊语篇、电视纪录片语篇相比，无论从指称距离来说，还是从代词单位内人称代词的数量来说，电视广告语篇人称代词与先行词之间的距离更短，信息重复率更高。正如桂诗春所分析的：

如果我们要了解一对简单的句子，我们就必须把先行词保存

① 徐赳赳：《现代汉语篇章回指研究》，中国社会科学出版社2003年版。

② 崔丽：《电视纪录片解说词的衔接机制研究》，中国传媒大学博士学位论文，2006年。

在工作记忆[①]里，一直到我们把它和代词联系起来。先行词和代词的距离，有时比较远，对工作记忆造成负担，以至于妨碍理解。代词的使用也足以说明语篇的交际规约。要成功进行交际，我们必须按规约来使用语言。如果我们把先行词和代词放在相距甚远的位置，这不但对听者造成认知上的困难，而且也加重了其负担。[②]

三、第三人称代词的代词单位

为了研究电视广告语篇中第三人称代词的指代作用，我们进一步把电视广告语篇分成一个个“代词单位”。“这里的代词单位，我们指的是一个名词出现后，接着出现一个或几个‘他’，直到这个名词（可以同形也可以异形，只要是同指就行）再次出现为止。名词加上这些‘他’就构成一个‘代词单位’。零形式的多少不予考虑。”[③]

电视广告中，名词与后面的一个或几个“他/她/它”所在的小句构成一个“代词单位”。在这些“代词单位”内部，第三人称代词和名词之间的关系，能够反映第三人称代词在电视广告语篇中的特点。我们以第三人称代词“它”为例，来对电视广告中的代词单位加以说明。例如：

---

① 工作记忆（working memory）：属程序性记忆、短时记忆，是一短暂时刻的知觉，是一系列操作过程中的前后连接关系，后一项活动需要以前项活动为参照。它是认知心理学提出的有关人脑中存贮的信息的活动方式。人作为一种信息加工系统，把接收到的外界信息，经过模式识别加工处理而放入长时记忆。以后，人在进行认知活动时，由于需要，长时记忆中的某些信息被调遣出来，这些信息便处于活动状态。它们只是暂时使用，用过后再返回长时记忆中。信息处于这种活动的状态，就叫工作记忆。详见 http://www.cmbe.seu.edu.cn/biology/bess/biology/chapt16/16-3-5.htm。

② 桂诗春编著：《新编心理语言学》，上海外语教育出版社 2000 年版，第 415 页。

③ 徐赳赳：《现代汉语篇章回指研究》，中国社会科学出版社 2003 年版，第 121 页。

[3－42] 我这生意啊，可就依仗这四口缸了。它1啊，可是我们家的大功臣。一个缸里一种菜，百吃不厌，吃了还想吃。客人来了，现点现卖。一分钟就可以在店里吃，也可以打包带走。四大金缸这个特色餐饮项目，目前在餐饮市场上极具核心竞争力。它2不仅是简单的餐馆生意，同时又兼容了快餐的模式，所以我们经营起来不用考虑它3有没有市场。只要你看中这个项目，不妨打个电话和我们取得联系，我们会为您解答更为详细的投资事宜。您只要想做这个生意，只要一个电话，一切尽在自己的手中掌握。（东方卫视，2007年10月12日）

[3－43] 中环凯旋宫二期以德国建筑科技打造健康生态住宅。我们小区位于万里生活园区核心区域，地处真华路新村路口，东面靠近在建中的地铁7号线新村路站，西面是中环线。目前我们是从一房92平米到三房210平米不等，包括近期会推出的别墅，是200平米到300平米的叠加式。这套房源我们准备了一个VIP家庭智能总控系统。它有两个模式，一个键所有的灯和窗户就自动关上了。我们社区采取的是一个毛细孔冷暖传导系统，它1是恒温恒湿恒氧的，它2是在一个楼板做些无接的毛细管。这样可以释放层高扩展空间。它3是恒温的，温度保持在17到20度之间，湿度控制在30到70度之间。这里既有看得见的满眼绿色，更有摸得着的绿色健康，虽没能一一参观，但已经大饱眼福。（上海东方电视台新闻娱乐频道，2007年10月23日）

[3－44] 这是我的新号码。它1不只是手机号，还是上网账号。走

到哪用它2都能上网聊天,号码也是它3。E-mail也用它4,寄邮箱也不麻烦,宽带还能漫游。这就是天翼。你也可以拥有,中国电信。(东方卫视,2007年12月23日)

例[3－42]中"它1"回指前面出现的名词"四口缸",形成一个含有1个代词的代词单位;后面的"它2""它3"回指前面的"四大金缸这个特色餐饮项目",形成一个含有两个代词的代词单位。例[3－43]中的"它1""它2""它3"回指前面的"毛细孔冷暖传导系统",这是一个含有3个代词的代词单位。例[3－44]中,"它1""它2""它3""它4"都回指前面的"新号码",这是一个含有4个代词的代词单位。

我们对电视广告语篇代词的研究表明,在158个代词单位中,含有1个代词"他/她/它"的占77.85%,含有2个代词单位的占15.82%,两者之和为93.67%。在一个代词单位内,最多含有4个代词"他/她/它",但这样的例子在我们的语料库中只有2个,仅占0.12%。

分析了电视广告的代词单位,我们再来看看其他语料中的代词单位。徐赳赳在《叙述文中"他"的话语分析》一文中,对85篇报刊叙述文语料进行了同样方法的统计,在358个代词单位中,"以一个'他'为最多,有116个单位,占32.40%,其次是两个'他',有79个,占22.07%;三个'他'的有50个,占13.97%;四个'他'的是32个,占8.94%。"并且在他统计的语料中,一个代词单位内的"他"最多达到27个。在对语料进行充分分析的基础上,他指出:"一个'代词单位'中,以1～4个'他'为绝大多数,5个以上的,开始明显减少。"①

---

① 徐赳赳:《叙述文中"他"的话语分析》,《中国语文》1990年第5期。

崔丽对电视纪录片代词单位的研究也表明,在345个代词单位中,含有1个代词“他/她/它”的占有超过半数的比例;含有1个“他/她/它”和含有2个“他/她/它”的代词单位的总和,已经超过了总数的90%;在一个代词单位内,最多含有5个“他/她/它”,但这种代词单位比较少。①

我们把报刊语料、电视纪录片语料和电视广告语料的代词单位做一比较,比较结果列表如表3-4:

表3-4 不同语料代词单位比较

语料	个数	1个	2个	3个	4个	5个及以上
报刊	出现个数	116	79	50	32	81
	所占比例	32.4%	22.07%	13.97%	8.94%	22.62%
电视纪录片	出现个数	245	71	20	6	3
	所占比例	71.01%	20.58%	5.80%	1.74%	0.87%
电视广告	出现个数	123	25	8	2	0
	所占比例	77.85%	15.82%	5.06%	0.12%	0

对比上述研究结果,可以看出:(1)无论是报刊、电视纪录片还是电视广告语篇,一个代词单位内代词的数量通常为1~4个,5个以上就开始减少;(2)从数量上来说,报刊语篇的代词单位内“他”的数量集中在1~4个,但是也可以出现超出10个以上的情况。电视广告语篇中,代词单位内“他/她/它”的数量集中在1~2个,最多不超过4个。也就是说,相比于报刊语篇和电视纪录片语篇,电视广告语篇中,代词单位相对较小。

① 崔丽:《电视纪录片解说词的衔接机制研究》,中国传媒大学博士学位论文2006年,第35页。

总的来看，第三人称代词在电视广告语篇的照应、话题延续性、代词单位三个方面都有自己的特点。与其他语体[①]相比较，电视广告语体中第三人称代词照应特点表现为：内指兼外指的照应类型所占比例比较大；第三人称代词话题延续性的“值”比较小；第三人称代词的代词单位相对较小。

第五节　电视广告的指示代词

这一节我们从照应、不对称性、直接指示三个方面来分析电视广告语篇的指示代词“这”“那”[②]。此外，我们将对电视广告语体与其他语体中的指示代词“这”“那”进行比较，以期发现电视广告语体中指示代词的特点。

一、指示代词的照应

电视广告语篇中，指示代词的照应可分为三种类型，即内指指示照应、外指指示照应、内指兼外指指示照应。内指指示照应指的是指示代词指向语篇中的另一词语，照应关系存在于语篇内部。外指指示照应指的是指示代词的所指对象存在于语篇之外的情景之中，照应关系存在于语篇外部。内指兼外指指示照应是指指示代词的所指对象

① 由于收集的其他语体语料数量有限，本节主要比较了电视纪录片语体和报刊语体中第三人称代词的照应、可及性、话题延续性、代词单位等。

② 本书中的“这”“那”包括单用的和由这两个词组成的复音指示词，如：这里、这儿、那儿、这么、那么、这样、那样等。本节中，除了特别说明外，一般都包括单用的和由其构成的复音词两种情况。详见李佐丰：《电视专题片声画语言结构》，北京广播学院出版社1999年版，第90页。

既在电视广告语篇中有交代，同时也出现在情景语境之中。下面将分别分析这三种类型在电视广告语篇中的表现和作用。

（一）内指指示照应

电视广告语言一直被认为是“不完整的”，但是相对于简单的日常对话和单个词语组成的语篇，电视广告语篇仍然是一种具有一定长度、语言组织严密的语篇。多数电视广告的语段是符合语言表达规律的，是相对完整和连贯的，有其内部的衔接机制。指示代词可以在语篇内部的句子之间发挥衔接作用，我们称之为“内指指示照应”。电视广告语言中的内指指示照应又可分为两种情况，即回指照应和下指照应。

1. 回指照应

电视广告中，回指类型的内指指示照应所占比例较多。例如：

[3－45] 风光绮丽的南非开普敦，中西交融的狮城新加坡，这是2008～2009赛季沃尔沃环球帆船赛最值得称道的两站。1月11日、18日、25日，请跟随我们的镜头《欧洲船队》一起领略南非和新加坡的别样风光，体验征服大海的无限乐趣。（旅游卫视，2007年11月7日）

[3－46] 治大国若烹小鲜，投资其实也一样，选好股票是我们这道菜的主料。适时地买卖股票是要掌握这道菜的火候，掌握一定的烹饪技巧，最后再加上一点随意的投资心态作为调料，这样您就可以经常在股市中享受美味了。（上海电视台第一财经频道，2007年10月1日）

[3－47] 甲　送人可是太有面啦！

乙　您要是还能订上两套，还能得到一套24K镀金的紫砂飞龙茶具。这可是够值的呀！这可是赠品，数量有限。

甲　那咱俩干吗呢？快走吧！

乙　对呀！（BTV-1，2007年12月27日）

[3-48] 现在有兰诺，漂一次就干净了，这怎么可能？泡沫这么快就没有了，一漂就干净了，这次我可是真的相信了，漂洗柔顺就一步，兰诺一漂长效柔顺剂，汰渍之选。（CCTV-7，2007年10月10日）

例[3-45]中的“这”回指上句中的“南非开普敦”和“狮城新加坡”。例[3-46]中的“这样”回指上文中提到的购买股票的操作步骤。例[3-47]中第一个“这”指代上句中的“订上两套，还能得到一套24K镀金的紫砂飞龙茶具”这个句子，第二个“这”指代“24K镀金的紫砂飞龙茶具”。例[3-48]中“这”指代上文中的“漂一次就干净了”这个句子。

2. 下指照应

电视广告中，下指类型的内指指示照应所占比例较小。例如：

[3-49] 这一边有争斗与冲突，那一边有友谊与和谐。这一边有贫穷与落后，那一边有富裕与繁荣。关注世界两边，关注《天下聊斋》。（广东卫视，2007年11月13日）

[3-50] 这里，是它的故乡。这里，是它的乐园。2008年，您也有机会在这里留下足迹。远离现实的旅行冒险，终生难忘的人生体验。旅游卫视年度巨献，《红牛勇闯南北极》邀

你奔赴地球的极端，追逐梦想的极致。无论你是谁，无论你在那里，只要你敢想，只要你敢来，2008，我们一起勇闯南北极。（旅游卫视，2007 年 12 月 28 日）

[3 -51] 这是一个充满创意的时代，这是一次激情的创业盛会，这是一个放飞梦想的舞台。我们、你们、他们，大胆思想就像向前冲的棋子，也许会遭遇挫折，但也可以发动一场赢的游戏。2007 创业周暨全球创业周中国站，11 月 17 至 23 日，梦想将从这里起航。（上海电视台新闻综合频道，2007 年 11 月 16 日）

例[3 -49]中的“这一边”“那一边”指代下文中出现的“世界两边”，在画面中没有出现。例[3 -50]中的“这里”指代下文中出现的“南北极”。例[3 -51]中的三个“这”都指代下文中出现的“2007 创业周暨全球创业周中国站”。

上述例子当中的这些指示代词的所指都是指向语篇内部的，通过这些指示代词的运用把电视广告语言前后衔接在一起。电视广告语言中指示代词的内指用法和一般语篇一样，体现语篇内部的照应关系；和其他语篇一样，电视广告语篇中指示代词的内指也多为回指，即用指示代词指称前面已经提到的内容。

（二）外指指示照应

电视广告语言中指示代词的语义参照点不在语篇内部，而是在语境中。即指示代词不是指向电视广告语篇中的其他语言单位，而是只与画面等语境中的内容产生照应关系。这时，指示代词的照应功能，不是体现在电视广告语言内部，而是体现在语言和语境之间。指示代词具有外部衔接的作用。

我们先来看指示代词“这”。例如：

[3-52]（画面：一位年轻人在不同地点通过手机看奥运比赛）

在哪里可以享受奥运？不仅可以坐在这里，还可以在这里，在这里，在这里，在移动的世界里。你在哪里，奥运就在哪里。科技奥运，自在移动。（广东电视台珠江频道，2007年12月9日）

[3-53]（画面：各种各样的假设，画面1是一沓百元人民币，画面2是一个加了两把锁的保险柜）

如果存银行的钱能变多成这样，如果财富风险缩小成这样，如果一保险还能双保险，如果生财之道还能量身定制，答案就在上海第一档专业理财节目《理财宝典》。（上海电视台第一财经频道，2007年12月22日）

例[3-52]中四个“这里”在上下文中没有找到指代的对象，而是分别指代画面中说话人在四个不同场合（家里、麦当劳餐厅、机场、出租车上）通过手机看电视的情况。例[3-53]中的“这样”分别指代的是画面中的“一沓百元人民币”和“加了两把锁的保险柜”。

我们再来看指示代词“那”。例如：

[3-54]（画面：女士肌肤特写）

这里，那里，每一寸肌肤都喜欢如丝的宠爱，她也不例外。全新怡丽丝感爽肤，采用日本SARASARA SILK。添丝感技术，编制细腻网面，减少对肌肤的摩擦，带给你丝绸般的柔滑体验。快乐随心而起，宠爱肌肤新主张，

丝感爽肤。(上海东方电视台艺术人文频道,2007 年 11 月 26 日)

[3 -55] (画面:画面 1 是广西桂林山水特写,画面 2 是广西丹泉酒特写)

那 1 是我见过的最美的山,那 2 是我喝过的最甜的水,那 3 是我品过的最纯的酒。天生好酒,还是丹泉酒。广西丹泉酒业。(广西卫视,2007 年 10 月 19 日)

例[3 -54]中“那里”指的是画面中女士肌肤的特写。例[3 -55]中的“那 1”“那 2”指代画面 1 中的“广西桂林山水”,“那 3”指代画面 2 中的“广西丹泉酒”。

上述例中的“这里”“这样”“那里”“那”等指示代词的具体所指对象,在电视广告语篇的上下文中都没有出现,因而不与电视广告语篇中的其他语言单位形成照应。但是,由于电视广告语言与画面是同步传递信息的,电视广告中的指示词语和画面的指称对象之间可以形成明确的指称关系,观众可以通过画面获得这些事物的相应信息。在电视广告语篇中,指示代词外指用法的使用,主要是由于画面等语境因素的共现。指示代词“这”“那”的使用,既充分利用了画面的表现力,又避免了电视广告中的重复,体现了画面和语言相互配合的关系。

(三)内指兼外指指示照应

电视广告语篇中指示代词既可以与解说词内部的语言单位形成内指照应,同时还可以与画面中的具体事物形成外指照应。这就形成了内指兼外指的照应。例如:

[3 -56] (画面:江南古镇特写,高成上海假日别墅特写)

这里蕴含千年江南风韵，这里收纳百年时代情致，在郑和下西洋的起锚之地，高成上海假日为您打造悠闲生活的专属领地，十三万方景观绿地，三合汇聚自然精华，江河海三鲜美味尽享，高成上海假日让您拥有惬意光彩的生活情趣，社区里建有别墅区、公寓区、商业区，三大组和，维和式布局动静分离，六十六万方高尚社区，三条快速干道直通上海，高成上海假日令您坐享朴实适宜的完美人生。（上海东方电视台新闻娱乐频道，2007 年 10 月 1 日）

[3 -57]（画面：徽州风景特写，黄山风景特写）

和谐的徽州，这是一首精美的诗篇，这里有人与自然结合的光辉典范。腾飞的黄山，这是一副壮丽的画卷。唱响这片神奇土地美好的明天。9 月 26 日，江淮情艺术团赴黄山大型慰问演出，安徽电视台文体频道、黄山电视台、安徽人民广播电台、农村广播、中安在线视频现场直播。感受黄山，天下无山。（安徽电视台，2007 年 9 月 22 日）

例[3 -56]中的两处“这里”显然是指下文中提到的“高成上海假日别墅”这个地方，同时也是画面中描绘的地方。例[3 -57]中“这”“这里”“这片”是指文中提到的“徽州”和“黄山”，同时画面中也出现了这些画面。这时的指示代词“这里”“这”“这片”等既具有与解说词本身的照应作用，又有与画面相照应的功能，是兼具内指性和外指性双重作用的。指示代词的这种内指兼外指照应功能，从解说和画面两个方面把电视广告语篇联系成一个整体，显示了语言与画面之间更强的配合关系。

二、指示代词的不对称性

最近的研究表明，学者们仍然在关注“这”和“那”的不对称现象。绝大多数的研究结论都指向一个语言事实，即现代汉语中“这”的使用频率明显多于“那”的使用。电视广告语篇中指示代词的使用情况又是怎样的呢？我们通过几组语料统计数据来对此进一步加以验证。

表 3－5　不同语料中“这”和“那”分布比例①

编号	语料名称	语料规模	语料类型	“这”词频	“那”词频	“这/那”比率
1	北京大学汉语语言学研究中心语料库（现代汉语子库）	约 8 450 万字	书面	362 513	125 854	2.88
2	兰开斯特现代汉语语料库	约 100 万字	书面	10 375	4 044	2.57
3	现代汉语频率词典	约 180 万字	书面	11 644	4 531	2.56
4	电视纪录片语料	约 20 万字	口语	520	107	4.86
5	电视广告语料	约 26 万字	口语	511	142	3.59

表 3－5 中，北京大学汉语语言学研究中心语料库（现代汉语子库）的规模最大，逾八千万词次，其得出的“这”和“那”比例为 2.88。兰开斯特现代汉语语料库、现代汉语频率词典的语料得出的“这”和“那”比分别为 2.57 和 2.56。许家金认为兰开斯特现代汉语语料库是平衡语料库，而且词次达到百万词次，适合作为现代汉语书面语

① 该表中编号 1、2、3 的数据援引自许家金：《青少年汉语口语中话语标记的话语功能研究》，北京外国语大学博士论文，2005 年。表格中编号 4 的数据援引自崔丽：《电视纪录片解说词的衔接机制研究》，中国传媒大学博士论文，2006 年。

研究的语料。兰开斯特现代汉语语料库中的“这”和“那”之比为2.56。

电视广告语料中的“这”和“那”之比为3.59。我们看到,电视广告中的“这”和“那”比例要高于兰开斯特现代汉语语料库中的比例。通过对比我们看出,在电视广告语言中,“这”的使用比例明显高于“那”。

吕叔湘先生在《现代汉语八百词》中明确指出:“这”,指示或代替比较近的人或事物;“那”,指示或替代比较远的人或事物。这条规则是“这”和“那”指示、称代用法中最为原始、基本的用法。“这”和“那”的这条适用规则影响着它们的其他用法。也就是说,“这”和“那”的其他使用规则都与这一基本规则有关。吕叔湘在《近代汉语指代词》中指出:近指和远指的分别基本上是空间的,但也往往是心理上的。也就是说,从本质上来讲,汉语指示词在表达空间距离的远近时有较强的心理成分。简单来说,“这”表示近指,“那”表示远指。但在实际的语篇中,这两个词往往呈现不对称分布。指示代词“这”和“那”的对立主要体现在表示距离远近的差别上。①

电视广告中,“这”和“那”及其复音结构的不对称性也很明显。在所统计的语料中,具有指示作用的“这”的用例为511例,“那”的用例为142例。“这”的用例远远多于“那”。电视广告语言中,指示代词的这种不对称性首先是为了吸引观众。电视广告总是力图营造一种身临其境的氛围,使观众能够尽可能地参与到电视广告节目之中。在这种情况下,使用表示近指的“这”及其组成的指示结构,比“那”更能拉近片中所表现内容与观众的心理距离。其次,指示代词“这”和

① 吕叔湘:《近代汉语指代词》,学林出版社1985年版,第188页。

“那”及其复音结构多是名词性的，电视广告创作者总是尽量将这些事物展现在画面中。展现在画面中的事物，给了观众一种直观的视觉刺激，使观众“眼见为实”。那么，对于这些近在眼前的事物，当然应该用表示近指的“这”更为合适。例如：

[3－58] 这是一场较量，这是一场1个人对抗100个人的较量。2008年1月5日大型益智互动节目《以一敌百》强势登陆湖南卫视。你见过这样的阵容吗？你试过这样的对峙吗？你有笑到最后的信心吗？《以一敌百·快乐达人》火热征集中！移动、联通、小灵通发送1至10669588207，答对两题，您就成了快乐达人，有机会亲临现场赢取超级大奖。报名电话：0731－4801220，报名网络：www.hunantv.com，www.hifly.tv，报名邮箱：1VS100@hunantv.com，《以一敌百》超强攻势，等你压阵！（湖南卫视，2007年12月30日）

[3－59] 甲 这是什么米？

乙 那可不是米啊！那是五洲丰牌纳米缓控释肥料，纳米肥。五洲丰牌纳米缓控释肥，一次性施肥不用追肥，肥效嘎嘎的。（陕西卫视，2007年12月22日）

例[3－58]中的“这”“这样”都表示近指，给电视机前的观众营造出一种身临其境的氛围。例[3－59]中的“那”表示远指，指代远离说话人双方的事物。

语言学家布朗和列文森（Brown & Levinson）曾经以空间指示词语“这里（这儿）”“那里（那儿）”为例来说明指示代词“这”和“那”的不对称性。他们认为，说话人可能利用空间指示词语来缩短自己和听话人之间的心理距离或者感情距离以便达到友好、礼貌的目的。空间距离通常传达了交际者之间心理距离的远近。较近的物理距离通常传达较为密切的关系;而较远的物理距离通常表达较远的心理距离。在电视广告的言语交际过程中,广告主和受众不可能处于同一个空间位置上,然而,广告主可以运用指示词语使消费者的空间位置发生心理上的转移。

在电视广告中,广告主一般使用近指空间指示代词"这"及其复音结构来拉近与消费者的心理距离。具体有两种情况:一种是尽管广告主与消费者之间存在一定的物理距离,然而,广告主把消费者当作一个整体,即把两个人所处的方位作为参照点,广告主通过这种表达策略寻找他与消费者之间的共同点。另外一种是广告主以消费者为参照点,发生"礼貌的方位转移",即广告主在说话时不以自身为参照点,而把方位参照点转移到消费者所处的方位上去,这是一种礼貌的表现。以上这两种情况在电视广告中使用都很普遍。例如:

[3-60] 有一些人用他们的努力搭建遮风避雨的堡垒,有一个地方坚守着自己的责任、承载着我们的期待。我们在这里见证平凡的伟大,体会真实的感动。这里是我们的另一个家。(宁夏卫视,2007年10月12日)

[3-61] 在这片您非常熟悉的地方,有一种进取的力量。现代汽车,与您一路同行。(CCTV-6,2007年8月1日)

例[3-60]中"这里"是广告主把两个人所处的方位作为参照点,两个"这里"都指画面中的"宁夏回族自治区工会大厦";例[3-61]中"这片"是广告主以消费者为参照点,指代的是大家都熟悉的"首都北京"。

电视广告中,广告主一般情况下很少使用疏远消费者距离的远指

指示代词“那”及其组成的结构。如果使用,一般是广告主把空间参照点转移到广告主和消费者之外的某个参照点。例如:

[3-62] 喜欢旅行的原因非常简单,就是想达到一种境界,喜欢到那里看那里的人。想达到一种境界也非常简单,告诉我你住在哪里,让我告诉你你是谁,《我行故我在》。(旅游卫视,2007年12月11日)

例[3-62]中,“那里”表达同时远离广告主和消费者的地方。

三、指示代词的直接指示

(一)直接指示的类型

斐尔莫(Fillmore)将指示代词的用法分为两类,手势型直接指示(gestural usages)和非手势型直接指示(symbol usages)①。手势型直接指示是指在使用指示代词时必须配合一定的手势、眼神或者点头等副语言手段才能够理解的一类用法。非手势型指示代词是指交际发生时所处的时间、空间等具体环境。②

电视广告中的直接指示也可以分为手势型直接指示和非手势型直接指示两种类型。电视广告中的非手势型直接指示分为两种:一种是时间指示,另一种是地点指示。因为各种语体中的非手势型直接指示基本相同,所以本书不予讨论。

不同语体的手势型直接指示有很大不同。日常口语的手势型直

① “symbol usages”也有翻译成“象征用法”的,本书为了与“手势型直接指示”相对应,采用“非手势型直接指示”的译法。

② 王道英:《“这”、“那”的指示功能研究》,学林出版社2005年版,第57~73页。

接指示主要借助于手势、眼神或动作行为等副语言手段来确定指示代词。书面语的手势型直接指示借助于书面叙述的方式来确定指示代词。由于有画面的参与，电视广告的手势型直接指示比较复杂。在电视广告中，画面和手势、眼神、动作行为一样，都对确定电视广告指示代词的指代对象起作用。与书面语和日常口语不同的是，电视广告画面在手势型直接指示中起着很重要的作用。有些电视广告（比如以产品为主体的），其中没有人物参与，这种类型电视广告的手势型直接指示就是由画面确定的。

确定了电视广告画面指示的类属，我们就可以把电视广告中的手势型直接指示分为两种：一种是借助于画面里广告人物的手势、眼神或动作行为等副语言手段确定指示代词；另一种是只有画面在电视广告中起确定指示代词的作用。我们知道，电视的主要表达方式是声画直接作用于受众的视觉和听觉，但视觉的作用更大。电视广告运用蒙太奇思维，用镜头进行叙事。电视广告中关于产品的介绍及人物肖像、人物活动及其环境、背景的描写和叙述，都是十分具体和形象的。电视广告拍摄者通过镜头的推、拉、摇、移，以及特写镜头的运用，无须过多的语言描述就能把要说明的人或物叙述得非常清楚。电视广告中，往往把要指代的人、物、地点、动作等用特写镜头的方式展现给观众。所以，在电视广告中，除了广告中人物的手势、眼神、体态可以辅助确定指示代词之外，画面也可以用来确定指示代词。

我们把电视广告、日常口语、书面语三种语体的手势型直接指示分类情况列表如下：

表 3-6　不同语体的手势型直接指示类型

语体	手势型直接指示类型(gestural usages)
电视广告	A. 借助于电视广告画面里人物的手势、眼神或动作行为等副语言手段; B. 借助于电视广告画面。
日常口语	借助于手势、眼神或动作行为等副语言手段。
书面语	书面叙述的方式。

(二)直接指示的类型分析

从表 3-6 我们看到,和其他语体相比,电视广告语体的手势型直接指示类型比较复杂。在书面语中,伴随着表情和手势等指示手段的信息往往通过叙述的方式,说明"指示"手段在言语交际中的作用,但不直接参与语言交际。因此,读者可以通过这些文字的叙述,理解话语中指示词语的所指。而在面对面的谈话中,手势用法的指示词语通常和副语言特征一起使用,例如用手来指点、甩一下头、使一个眼色等等,要理解这样使用的指示词语,必须知道说话人在说话的时候使用了什么副语言手段。在电视广告中,由于有画面的参与,它的手势型直接指示与其他语体有很大的不同。画面在电视广告的手势型直接指示中发挥着重要作用。

电视广告中的手势型直接指示可以分为两类:一类是借助于电视广告画面里人物的手势、眼神或动作行为等副语言手段确定指示代词;另一种是借助于电视广告画面确定指示代词。下面,我们分别来对两种类型进行分析。

1. 借助于电视广告画面里人物的手势、眼神或动作行为等副语言手段确定指示代词

这一类指示代词的确定往往要依赖于画面中人物的副语言手段。

一般来说,电视广告中当人物说这些指示词语的时候,会“看”“盯着”所说物品,还会用到诸如“指着”“举着”的手势。受众根据广告人物具体的手势或者眼神就能判断其所指向的实物。

电视广告语料中约有60%的指示代词属于这种情况。电视广告中的这类手势型直接指示主要分为指物/地点以及指动作行为两种,指人的所占比例很小。

(1)第一类是指物/地点的,这一类是该类型中所占比例最大的一种。例如:

[3-63] 甲 知道这是什么不?

乙 这是个圈啊!

甲 错!这是正品沈阳红药家族的识别标志。跌打损伤风湿肿痛,认准沈阳红药家族,认准这个,沈阳红药家族。

乙 谢谢啊!(辽宁卫视,2007年10月13日)

[3-64] 男孩 爷爷,山的那边是什么?

爷爷 是山。

男孩 那山的那边又是什么?

爷爷 是大海。

男孩 爷爷,听,大海……

(旁白) 中国联通。(CCTV-3,2007年11月20日)

[3-65] 这就是我想要的。柏氏亮白精乳,美白、滋养、修颜、隔离,更白、更润、更自然。柏氏。(CCTV-3,2007年12月10日)

例[3-63]中广告人物在说“这”的同时,电视画面也同时切换到说话人所说的药品标志(即红药标志的圆圈)上。例[3 -64]中一个穿兜肚的小男孩拉着爷爷的手,用另一只手指向远方的大山。小男孩说“那边”和“那”时,镜头随着男孩的手指转向了近处的一座山和更远处的另一座山。当男孩说第二个“那边”时,镜头画面转向了大海,另外一个高大的男孩站在海边,用手机对着爷爷说:“爷爷,听,大海……”例[3 -65]中广告人物边说便用手势展示广告产品“柏氏亮白精乳”。

[3 -66] 不在这儿,不在这儿,这儿也没有,它在哪呢?原来在这儿!每天都是这样,我和它就是亲不够。我总想多抱抱它,再亲亲它,用它最爱的伟嘉妙鲜包宠爱它。知道吗?我们的七日妙之旅就要开始了!享受更多亲密时光,登录网站或拨打热线带您的猫咪一起来吧!(BTV -4,2007 年 10 月 26 日)

[3 -67] 这个世界上的爱归根结底来说只有两种:一种叫爱自己,一种叫爱他人。在墨子那里爱他人叫兼爱,也就是爱这个世界上所有的人。我在这里热烈祝贺河南卫视《明星在行动》栏目正式开播,我希望河南卫视能够成为我们这个民族奉献爱心的最好平台。(河南卫视,2007 年 11 月 30 日)

[3 -68] 这里有一种感动。这里有一种风俗。这里是湖北三峡。巴东神农溪。(中国教育电视台一套,2007 年 8 月 30 日)

例[3 -66]中,“这儿”共出现四次,镜头也相应地不断移动到房间的四个不同地方,观众可以很清楚地明白广告人物所说的话语“这儿”的指代。例[3 - 67]中,“这里”指代的是河南电视台演播厅。例[3 -68]中,随着画面中广告人物的手势,观众很容易就能理解广告中的指示代词所指。

(2)第二类是指动作行为的，这一类在直接指示中所占比例较小。例如：

[3-69] 不仅仅是意大利的男人才会这样，也不仅仅是意大利的女人才可以这样。来自意大利的 CANDY 洗衣机，40 厘米洗 6 公斤。CANDY 为您做得到。(广东南方电视台经济频道，2007 年 12 月 4 日)

[3-70] 非凡世界你的方向在哪里？你可以这样寻找，你也可以这样寻找，你还可以这样寻找。菱科 GPS，有菱科，有方向，菱科电子。(上海电视台体育频道，2007 年 10 月 26 日)

例[3-69]中，“这样”指代的画面情景是女士把男士直接放进洗衣机这个动作。例[3-70]中的三个“这样”分别指代广告人物通过使用望远镜、GPS 导航仪、电子地图三种不同搜索方式寻找汽车行驶路线的情景。

2. 借助于电视广告画面确定指示代词

这种类型是指电视广告画面中不出现人物，只出现广告产品，由电视画面确定指示词的所指。这一类在电视广告中所占比例也比较大。电视广告中，画面确定指示词语指代的由指地点、指物两大类组成。

例如杜邦公司的一条电视广告。

[3-71] 这里储放着大量的化学药品。这些药品用毕之后都存放在这里。但经验表明终有一天还将启用它们——也许是为人类谋取惊人的福利。现在让我们对这个药品

做个单独的介绍。……因为，谁知道今天封存起来的东西，明天会发生什么不可预料的功效呢？通过化学，为创造美好的生活而生产美好的东西。（CCTV－7，2007年12月19日）

这是杜邦公司的一条商业形象宣传广告，广告中没有人物参与，它以广告产品为主要诉求对象。广告开始先用中长距离拍摄：一扇坚固的橡木大门。摄影机移近后，大门自动开启。杜邦公司的标本室中，整齐地摆放着一排排各种形态的瓶瓶罐罐。摄影机推向一个标本台。紧接着是旁白："这里储放着大量的化学药品。这些药品用毕之后都存放在这里。但经验表明终有一天还将启用它们——也许是为人类谋取惊人的福利。"镜头接着移向一个药瓶上的标签，上面写着：亚氨基苯磺胺。旁白继续说："现在让我们对这个药品做个单独的介绍。"这条广告中的"这里""这个"的指代对象的确定都必须依赖于电视广告画面。通过画面，我们可以确定"这里"指代"杜邦公司的标本室"，"这个"指代"亚氨基苯磺胺"。

又如：

［3－72］用这样的视野收藏重庆能有几人？山顶道壹号，源自香港半山生活。（重庆卫视，2007年12月2日）

［3－73］这里是国内健美健身汇聚之地，这里是高质量服务、全新锻炼的健身中心，这里是创造健康、塑造美丽、提高生活品质的梦工厂，健康在这里每天准时出发，美丽在这里时刻陪伴左右。让欢乐的脚步驱走寒冬的烦闷，让青春的激情挥洒无尽的快乐，就在这个寒假，我们将为你送上一个快乐假期。体验运动的玄妙，收获长久的健

康，就让这场由内而外的会变飓风唤出全新的你，抢位热线：010－64302008。（BTV－1，2007 年 12 月 24 日）

例[3－72]中的“这样”指的是画面中的特写镜头，即从“山顶道壹号”窗户鸟瞰重庆夜景。例[3－73]中的五个“这里”都指代画面中的“宝迪沃健身中心”。上面两条广告都采用镜头的推、拉、移等，用特写镜头的方式配合话语中的指代词“这”和“那”的方式帮助受众理解广告指代内容。

第六节 小 结

本章研究了电视广告的代词。代词的语体研究可以分成两大部分：一部分是代词的词类比率和各种代词的词频统计，这两项是语体的实体性和类型性统计单位；另一部分是对代词的指称意义、照应、话题延续性、代词单位等的统计分析，这些分析项目都是语体的格局性（也即语篇结构）统计单位。对代词这些项目的统计分析可以在一定程度上揭示电视广告的语体特点。

与其他语体相比，电视广告的代词使用频率和词频都比较高，这与电视广告中复杂的人物系统有关。电视广告的第一、第二人称使用与语篇的人际功能和语旨要素有很大关系。人际意义在很大程度上依赖于人称系统，广告主总是巧妙地利用第一、第二人称系统来创造一种亲密气氛，以提高广告的宣传效果。第三人称代词和指示代词的研究属于语篇分析的范畴。从第三人称代词和指示代词的照应来看，电视广告的代词照应类型中以内指兼外指所占比例最大（照应同时存在于画面与代词之间和上下文之间），其次是外指性照应（照应关系存在画面和代词之间),所占比例最小的是内指性照应(照应关系存在于上下文)。第三人称代词的代词单位和话题延续性的“值”都比较小,便于受众理解。指示代词“这”和“那”及其复音结构在电视广告中的不对称性很明显,这说明,广告主一般较多使用近称的“这”及其复音结构来拉近广告主与受众的距离,以增强广告的传播效果。指示代词的手势型直接指示较之日常口语和书面语复杂,电视广告中的手势型直接指示有借助于画面里广告人物的手势、眼神、动作确定指示代词的,还有一种是仅借助于电视画面进行直接指示的,这是电视广告语篇直接指示的一个重要特点。

第四章　电视广告的句类

第一节　引　言

本章研究电视广告语体的感叹句、祈使句和疑问句，内容包括以下两大部分：第一，对电视广告中句类的使用频率进行统计。这一部分又包括两个方面：一个是对各种语体中同一种句类的使用频率考察；另一个是对各种产品类型的广告中同一种句类的使用频率考察。第二，对电视广告中感叹句、祈使句、疑问句的类型进行结构和功能分析。

在讨论之前，我们先对与本章内容相关的理论及本章的研究思路和方法进行一个简要描述。

第一，本章的相关理论。

本章涉及的理论主要有两个：一个是句类的特点；另一个是句类与语体的关系。我们先来看句类的特点。

现代汉语中有四种语气：陈述语气、祈使语气、疑问语气和感叹语气（陈望道，1979；胡裕树，1979；金兆梓，1983；北大中文系，1993；邢福义，1997；黄伯荣、廖序东，2002）。“句类的主要特点是句子的结构形式和特定的表达功能之间有某种稳定的联系。也就是说，只有当某些句子既具备某种句法形式特征，又具有某种语用功能时，我们才能断定它们是陈述句、疑问句、祈使句或感叹句。”[①]现代汉语的句类系统在句法特征上的表现，以往学者如袁毓林、邵敬敏已经有过一些研究。大致可概括为：疑问句的句法特征是最为明显的，具有疑问标记词（语气词“吗”和疑问代词）或疑问格式。典型祈使句的句法特征是：主语为第二人称；句中动词具备[+自主][+可控]语义特征；动作行为具有[+未来执行]，听话人在场。感叹句则可分为两类：一类是带有感叹标记词“多么、好、真、太、这么、那么”等词和语气助词的句式；一类是无标记特征的感叹句。

我们再来看句类与语体的关系。句类与语体有密切的关系。“语言体系中词汇的选择、句类的使用、语言材料的运用，都受到语体的制约与影响”[②]。句类研究需联系语体，更得考察各种句类在不同语体中的分布情形，从而认识每类语体的言语特点。因为不同的语体有不同的特点，不同的特点是由具有不同语体色彩的句子来体现的。[③]

王佐良指出，就广告语体研究而言，“有意思的是祈使句和疑问句在广告中的使用。疑问句和祈使句都需要听话人做出一定的反响（或行动，或语言），这两种类型的句子在广告中很常见，它们在广告中的出现频率都很高。如果广告中全都使用陈述句，那么读者很有可能仅仅被动地接受信息。而祈使句和疑问句却能使人从这种被动的心理状态中解脱出来。祈使句促使读者做某件事，疑问句促使读者思考、回答问题。这两种句式都能使读者在心理上兴奋起来，使读者加深印象。”[④]王佐良先生研究的是英语商业广告句类，但是他的观点对于汉

① 袁毓林：《现代汉语祈使句研究》，北京大学出版社1993年版，第7页。

② 王德春：《语体略论》，福建教育出版社1987年版，第11页。

③ 黎运汉：《汉语风格学》，广东教育出版社2000年版，第326～328页。

④ 王佐良、丁往道主编：《英语文体学引论》，外语教学与研究出版社1987年版，第258页。

语电视广告句类研究也具有一定的参考价值。

袁晖在论述广告语体和句类时指出，广告语体是为活跃社会经济服务的，有的诉诸一定的可能消费者的理智，根据人们购买之前的思考顺序说明商品的销售基点，以促进人们有意识的购买行动；有的诉诸宣传对象的感觉和情绪，通过广告的暗示，引起人们的潜在意识，从而启发和激起购买行动。广告体在句式上多用祈使句、疑问句和感叹句。袁晖的论述指出了广告语体的句类特点，这一点对于电视广告语体句类的研究具有重要意义。

沈淑贤以八类现代汉语语体为基础，选取这八类语体的典型语料共7 172句，约37万字，采用统计分析方法，对各类语体与句类的关系进行了研究。她发现：从语体与句类的关系来看，陈述句在所有语体选择的句类中占有绝对优势。疑问句、祈使句、感叹句三种句类因语体不同而价值、地位有所不同，在使用频率上也表现出较大差异。

第二，本章的研究思路和方法。

王德春认为，每种语体都有质的规定性，它们的功能不同、语境类型不同、表达客体的方式不同，表现在语言使用上，语言特征也不同。每种语体的语言特征都可以概括出若干要点。这些特征的要点是在一定量的基础上概括出来的。量变到一定程度，产生质变，形成新的特点。所以，对语言特征的概括要根据量的程度。一定的语言要素在不同语体中出现的频率不一样，采用定量分析的方法，可确定语言要素在语体中的分布和频率，从而使语体的语言特征更加清晰。李熙宗提出语体的统计单位可以分为三种：实体性的、类型性的和格局性的（也即语篇结构的）。[①] 按照李熙宗的论述，句类是一种类型性的语体

① 关于语体统计单位的论述，详见第三章第一节“引言部分”的相关论述。

分析的统计单位，对句类的统计分析可以在一定程度上反映语体的差异。

由于祈使句、感叹句、疑问句三种句类在电视广告中所具有的重要作用以及相关研究的不足，我们把分析重点放在这三种句类上。关于电视广告中的陈述句，相关研究已经很充分，如屈哨兵、吴为善、王军元、曹炜等的相关著述，故我们在此不对陈述句展开详细讨论。

在本章的研究中，我们需要指出两点：第一，本章考察句类的语体差异是从一般情形着眼的，任何一般都可能有特殊和个别，不应以后者否认前者；第二，句类的选择，除了受语体的制约，还有别的多种因素，如广告创作者的文化、个性和风格等方面的差异，这些不是本章讨论的范围。

第二节　电视广告的句类使用频率(一)

这一节讨论电视广告和其他语体的句类使用频率。我们先把电视广告语体和现代汉语其他语体中句类的使用频率进行比较，然后再分析差异形成的原因。

一、语体类型与句类的使用频率

语言的使用与语境是分不开的。也就是说，要研究分析某语体的语言特点必须要分析其使用的语境。语体就是由于语境的变异而产生的语言变异。语体是一种因交际场合、情景而变的功能变体，大多数语言学者都有共同的看法。大多数语言学者都认为使用怎样的语体是由使用语言的情景、场合即语境决定的。语体中不同句类的使用频率高低，也离不开具体的语境交际需求。随着交际对象和语境交际需要的不同,句类在不同语体中也表现出不同的使用频率特点。也就是说,不同的句类由不同的交际需要所形成。一定语境中的表达,可以选择不同的句类。说话人可以随时根据语境,在不同的语体中,选择或创造最佳的句类表达。

电视广告是一种以销售为目的的宣传活动。它的主要功能和作用主要体现在两方面:一方面是提供信息,便于理解,便于记忆;另一方面是吸引注意,引发兴趣,建立信任,激发购买欲望。在推销产品和服务上,广告语言应当从以下四个方面体现其宣传、鼓动功能:

> 一是引起注意。广告语言以其特殊的感染力,在极短的时间内引起受众的注意,吸引受众欣赏广告内容。二是刺激需求。广告语言通过介绍有关商品的品牌、品质、规格、性能、用途、价格等,突出商品或服务的特色,完成信息的传播,由此引起受众的购买兴趣,诱发购买欲望。三是促进记忆。广告语言通过使用形象化语言,给受众留下深刻印象,并使受众确立信念,保持对商品的记忆,引导往后的购买行为。四是促成购买。广告语言以其强烈的感召性和鼓动性,促成受众的购买行为的实现。由此可见,广告语言的运用必须能够吸引受众的注意,激发受众的兴趣,利于受众的记忆,以使广告在受众的心理上产生强刺激,才能最大限度地发挥广告语言的社会效应。①

电视广告语体的句类使用必须要在这四个方面有所体现,也必然会表现出不同于其他语体的句类使用特点。

---

① 袁晖、李熙宗主编:《汉语语体概论》,商务印书馆 2005 年版,第 409 页。

二、句类的使用频率分析

我们对电视广告语体和现代汉语其他语体①的句类分布进行了统计。日常谈话语体、科技语体、行政语体、政论语体、法律语体、新闻语体、文艺语体中四种句类的分布情况与电视广告语体的对比结果如下：

表 4－1　各种语体的句类使用频率②

语体类型	陈述句个数及所占百分比	感叹句个数及所占百分比	祈使句个数及所占百分比	疑问句个数及所占百分比	句子总数
日常谈话语体	612 (56%)	89 (8%)	129 (12%)	260 (24%)	1 090 (100%)
科技语体	1243 (92%)	14 (1%)	19 (1%)	82 (6%)	1 358 (100%)
行政语体	721 (91%)	10 (1%)	67 (8%)	0 (0%)	789 (100%)
政论语体	837 (93%)	0 (0%)	29 (3%)	25 (3%)	579 (100%)

① 有关现代汉语语体的分类标准及类型，学界尚不统一。我们认为，从韩礼德的语域理论出发，语体可以分为口语语体、书面语体和广播电视语体三大类（详见李佐丰、赵均、张武江：《广播电视语体研究回顾》，《现代传播》2007 年第 1 期）。黎运汉、宗世海在《现代汉语语体修辞学》（广西教育出版 1989 年版）中认为，语体可以分为口语语体和书面语体，口语语体包括日常谈话语体等。书面语体包括应用语体、科技语体、文学语体、政论语体。应用语体包括公文体、司法文书体、新闻语体、广告文体等。据此，我们按照交际功能的不同，把现代汉语语体划分为书面语、口语和广播电视语体三类，然后再细分为：日常谈话语体、科技语体、行政语体、政论语体、法律语体、新闻语体、文艺语体、广播电视语体（包括电视广告语体）八大类。此处对语体的分类综合了李佐丰和黎运汉的分类方法。

② 表 4－1 中其他语体句类统计原数据引自沈淑贤：《现代汉语语体与语法研究》，南开大学博士学位论文，2003 年，第 60～75 页。本书中对其数据进行了一定加工。

续表

语体类型	陈述句个数及所占百分比	感叹句个数及所占百分比	祈使句个数及所占百分比	疑问句个数及所占百分比	句子总数
法律语体	768 (91%)	23 (3.2%)	39 (5.8%)	0 (0%)	807 (100%)
新闻语体	750 (83%)	23 (3%)	44 (6%)	70 (8%)	899 (100%)
文艺语体	538 (55%)	110 (11%)	104 (10%)	228 (24%)	970 (100%)
电视广告语体	14 286 (55.5%)	3 824 (14.8%)	3 906 (15.2%)	3 741 (14.5%)	25 776 (100%)

根据表4－1的统计，我们可发现语体在句类选择上体现出的特点，看到陈述句、疑问句、祈使句、感叹句在各语体中的价值和地位，按照每种句类的使用频率情况，排列如下：

表4－2　各种语体的句类使用频率排序

语体类型	句类使用频率排序（由高到低）
日常谈话语体	陈述句>疑问句>祈使句>感叹句
科技语体	陈述句>疑问句>祈使句（感叹句）
行政语体	陈述句>祈使句>感叹句
政论语体	陈述句>疑问句>祈使句
法律语体	陈述句>祈使句>感叹句
新闻语体	陈述句>疑问句>祈使句>感叹句
文艺语体	陈述句>疑问句>感叹句>祈使句
电视广告语体	陈述句>祈使句>感叹句>疑问句

根据表4－1和表4－2的统计我们发现:不同的语体各有其言语特点,而句类的选择又是不同语体的言语特点之一。句类在不同的语体里出现或不出现以及出现的频率是不相同的。因此,根据不同语体中各种类型句子的出现情况,大体上可以看出语体对句类的选择特点。通过表4－1和4－2的统计我们还发现,各种句类在不同语体中的分布频率是不均衡、不一致的:有的句类对某种语体是开放的或基本开放的,而对另外的语体却是封闭的或基本封闭的;有些句类在某种语体里的使用广泛、频率高,在另一种语体里则不然。在句类选择上,电视广告语体和其他语体一样,仍然是把陈述句放在首位的。相比于其他语体,电视广告语体的祈使、疑问、感叹三种句类的平均使用频率都比较高。

下面我们分别来讨论。

(一)陈述句的使用频率分析

电视广告中的陈述句所占的比例为55.5%,虽然这一比例与大部分现代汉语语体的陈述句相比要低很多。但是,就电视广告语体本身而言,陈述句比例仍然是最高的,这一比例比电视广告中感叹句(14.8%)、祈使句(15.2%)、疑问句(14.5%)的总和还多。

在具体的言语交际过程里,发话人的身份是多种多样的,他可以表述见解,提出问题,还可以发布命令,表达感情。韩礼德认为言语角色尽管多种多样,但最基本的角色只有两个:给予和需求。发话人或给予受话人某种东西,或者向对方要求某种东西。韩礼德认为小句的语气体现人际功能,即人们用言语表达社会和人际关系的功能,如果把交际中的两种主要言语角色——给予(giving)和需求(demanding)与两种交换物(信息、货物和劳务)组合起来,便构成了人际功能的四种主要言语功能：提供（offer）、陈述（statement）、命令（command）、提问（question）。这些言语功能通过不同的语气来体现。如表 4－3 所示：

表 4－3　言语角色与语气的关系①

言语角色	货物和劳务	信息
给予	提供 I'll show you the way.	陈述 Helen is the new director.
需求	命令 Go away!	提问 Is he coming with us?

交际者或者传递信息，或者询问情况，或者要求对方提供服务。"给予"或"需求"的东西可能是"货物和劳务"（goods and services），也可能是"信息"。电视广告的言语交际活动实际包含两个过程：一是广告主向消费者介绍关于所推销商品的信息；二是广告主试图说服消费者购买该商品。因此，广告主言语角色具有双重性：既给予消费者信息，又向消费者求取服务（即购买商品这一行为）。电视广告语篇的人际功能主要是为广告主和消费者（即交际双方）间建立并维持一定的社会关系、传递商品信息（即交换物），从而达到说服消费者、推销商品的目的。电视广告语篇是以给予信息为主的语篇，因此陈述句所占比例较高。

（二）感叹句的使用频率分析

通过表 4－1 的统计我们发现，电视广告中的感叹句共 3 824 句，占句类总数的 14.8%。这个比例是所有语体中最高的，排在第二位的是文艺语体，比例为 14%。

---

① 转引自黄国文：《语篇分析的理论与实践——广告语篇研究》，上海外语教育出版社 2001 年版，第 58 页。

感叹句带有浓厚的感情色彩,表现的是一种主观的愿望或者心态,多适用于抒发情感的交际领域或交际场合。并不是所有的语体都使用感叹句这种句类,因为有的语体是不能体现个人的心态和情感的,它所表达的只是一些没有任何感情色彩的客观存在或者假设性的现象等。

通过对比不同语体中感叹句的使用情况我们发现,政论语体很少使用感叹句,在科技语体、行政语体中也几乎不出现感叹句,所占比例都不到1%。政论语体、科技语体、行政语体等应用语体在内容上的共同特点就是真实性,这类语体"必须完全符合客观实际情况,不允许有任何失实或虚构,哪怕一个细节、一个数字都必须准确无误。这一类语体一般只是叙述事物的理由或事实,不必塑造形象,也不必抒发作者的感情"[①]。因此,这些语体一般不使用或很少使用表达强烈感情的感叹句。

感叹句与其他句类的本质区别在于它主要传递的是感情信息。人是有感情的动物。感叹句的使用是以情动人的电视广告创意的表现手法,它能增强语言的感染力,淡化自我推销的商业气息,缩短与消费者之间的心理距离,使消费者接受或认同所宣传的产品。电视广告中的感叹句可以从情绪上触发、激发或要求观众做出反应,同时又具有一定的引导性。

广告的目的在于"左右大众的意愿、观念和态度"[②],促使他们购买某种商品或接受某种服务。广告的本质就是推销,是人与人之间的交流。广告交际是在内容信息和情感信息两个层次上进行的,广告语

① 黎运汉:《汉语风格探索》,商务印书馆1990年版,第173页。

② Leech, G. N., *English in Advertising: A Lingustic Study of Advertising in Great Britain*, Longman, 1966, p. 1.

言是具有情感的能动功能的语言。电视广告语体中感叹句的功能主要是抒发情感和促进记忆。广告创作者使用感叹句来体现广告主的态度，突出情感诉求，以打动消费者，引起消费者的情感共鸣，达到促销的目的。电视广告语体中感叹句的另外一个作用就是促进记忆。李佐丰指出，"从心理学上看，人们的记忆可以分为三种：理解记忆、机械记忆和情感记忆。人们在听广播、看电视时，理解记忆和机械记忆所起的作用比较少，主要是情感记忆在起作用。由于这个原因，广播电视语言要亲切自然、具体形象。语言亲切自然，才易于唤起听众的感情，否则，拒听众于千里之外，必然不会有好的收听效果。而具体形象也是为了更有效地感染听众，干巴巴的道理和枯燥的事实都不易有良好的情感记忆。"①感叹句的使用，可以很好地与观众交流情感，促进消费者对广告产品的记忆，从而达到更好的广告传播效果。

（三）祈使句的使用频率分析

通过表 4－1 的统计我们发现，电视广告中的祈使句共有 3 906 句，占句类总数的 15.2%。与日常谈话语体、科技语体、行政语体、政论语体、法律语体、新闻语体、文艺语体中祈使句的使用频率相比，电视广告语体中的祈使句所占比例最高。日常谈话语体和文艺语体的祈使句使用频率最接近电视广告语体，比例分别为 12% 和 10%。祈使句使用频率最低的是科技语体，仅为 1%。

祈使句本身就富于劝说、鼓动功能，易于广告主实现广告的目的。广告语的首要功能，就在于它能直接或间接地传播产品、企业形象等方面的信息，力图促进销售额的增长。与此功能相适应，形成了它在

① 李佐丰：《广播电视语言》，北京广播学院出版社 1998 年版，第 20 页。

句类的选择上较多使用祈使句。[①] 科技语体祈使句使用频率低是因为科技语体是阐述自然、社会和思维现象及其规律的一种语体，它通过判断、推论得出结论，并把研究成果客观地描述出来。与此相应，科技语体使用的多半是陈述语气，而较少使用祈使句。

（四）疑问句的使用频率分析

通过表 4－1 的统计我们发现，电视广告中疑问句共有 3 741 句，占句类总数的 14.5%。与日常谈话语体、科技语体、行政语体、政论语体、法律语体、新闻语体、文艺语体相比，电视广告中疑问句的使用频率也相对较高，但低于日常谈话语体（24%）和文艺语体（24%），排在第三位。

根据表 4－2 的统计来看：与陈述句普遍存在于各语体不同，行政语体和法律语体中几乎不使用疑问句。行政语体中的语气不应该是带有疑问的，而应该是肯定的，用以表明自己的观点或者对对方发出命令和要求等。法律是由国家制定或认可，体现统治阶级意志，并以国家的强制力保证其实施的行为规范的总和，因此更不可能有疑问的语气，而应该全部是对一些义务的规定，更多的是肯定的语气。电视广告语体中，疑问句使用比例比较高是有一定原因的。电视广告中，广告主和观众并非是面对面地进行交际，广告主提出的问题实际上是不可能得到观众的回答的，它的主要功能是使观众集中注意力，对广告将要传递的信息产生兴趣。实际上，问问题是一种交际方式，是广告主通过话语认知对方话语角色、缩小交际双方心理距离、引出共同话题的一种途径。而且，通过提出问题，广告主和观众之间形成了一

① 袁晖、李熙宗主编：《汉语语体概论》，商务印书馆 2005 年版，第 407 页。

种对话关系，而这正是广告主所要达到的目的。

第三节　电视广告的句类使用频率(二)

这一节我们先对各种产品电视广告句类的使用频率进行比较，然后再分析形成差异的原因。

一、产品类型与句类的使用频率

我们把不同产品类型的电视广告的同一种句类进行统计，结果如表 4 -4：

表 4 -4　各种产品类型广告的句类使用频率

产品类型	陈述句个数及所占百分比	感叹句个数及所占百分比	祈使句个数及所占百分比	疑问句个数及所占百分比	句子总数
电信服务	556 (69.3%)	74 (9.2%)	72 (9.0%)	100 (12.5%)	802
电子电脑	771 (76.1%)	82 (8.1%)	72 (6.1%)	87 (8.6%)	1 012
房地产	166 (72.2%)	16 (7.0%)	18 (7.8%)	30 (13.0%)	230
服饰时尚	370 (49.5%)	136 (18.3%)	140 (18.7%)	102 (13.6%)	748
个人用品	582 (39.6%)	255 (17.3%)	310 (21%)	327 (22.1%)	1 476
工业用品及工商服务	523 (36%)	281 (19.2%)	326 (22.3%)	332 (22.7%)	1 462

续表

产品类型	陈述句个数及所占百分比	感叹句个数及所占百分比	祈使句个数及所占百分比	疑问句个数及所占百分比	句子总数
家居用品	482 (31.1%)	375 (24.2%)	370 (23.9%)	321 (20.7%)	1 548
家用电器	780 (43.5%)	303 (16.8%)	330 (18.4%)	381 (21.2%)	1 794
交通工具	790 (77.6%)	70 (6.9%)	60 (5.9%)	98 (9.6%)	1 018
金融保险业	220 (90%)	10 (4.1%)	12 (4.9%)	2 (0.8%)	244
酒类	580 (85.5%)	42 (6.1%)	56 (8.1%)	10 (1.4%)	688
零售服务	2 115 (64%)	418 (12.7%)	440 (13.3%)	331 (6.9%)	3 304
旅游航空	505 (83.3%)	40 (6.6%)	46 (7.6%)	15 (2.5%)	606
食品饮料	1 569 (47.8%)	620 (18.9%)	650 (19.8%)	443 (13.5%)	3 282
文化传媒	1 528 (50.1%)	485 (15.9%)	446 (14.6%)	589 (19.3%)	3 048
洗化类	902 (44.3%)	371 (18.2%)	378 (18.5%)	387 (18.9%)	2 038
医药保健	1 864 (75.3%)	246 (10.0%)	180 (7.3%)	186 (7.5%)	2 476
总计	14 305 (55.5%)	3 824 (14.8%)	3 906 (15.2%)	3 741 (14.5%)	25 776

通过表 4-4 的统计我们发现:在不同产品类型的广告中,同一种句类的使用频率有所不同。这与广告产品类型、经济预算、预期受众、广告策略的选择等诸多因素相关,其中与产品类型关系最大。广告学家伯恩斯坦(Bernstein David)建议,在推销不同类型的产品时最好使用不同的

广告策略。[①]

韩礼德的语域理论认为，语域的确定要考虑三个要素：语场（field，即谈论的主题）、语式（mode，即媒介，如口头语或书面语等）、语旨（tenor，即参与者之间的关系）。[②] 语场、语旨、语式三要素结合起来决定语域的形成，也即语体的形成。语场与语篇的概念意义密切相关。它是指交际双方所谈论的话题和内容，是构成话语的基础。电视广告中，随着产品类型的变化，广告主与受众之间所谈论的话题、内容也发生了变化，并相应地表现在电视广告句类表达上。

概括地说，根据语场的不同（也即电视广告产品类型的不同），电视广告可以分为三类：一种是“硬卖”型（hard-sell）电视广告，这类广告以传递信息（包括商品信息、劳务信息等）为主；一种是“软卖”型（soft-sell）电视广告，这类广告以塑造形象（包括塑造商品形象、企业形象等）为主；还有一种是“硬卖”与“软卖”结合型的电视广告，这一类是“硬卖”与“软卖”的结合。

下面我们根据上述分类来分析不同产品类型的电视广告中同一种句类使用频率的情况。

二、各种产品广告的句类使用频率分析

（一）“硬卖”型广告的句类使用频率分析

“硬卖”型电视广告也称作写实性广告。这一类广告主要适用于那些“离人们日常生活较远，或者销售市场较为特殊而封闭的商品以

① Bernstein David, *Creative Advertising*, Longman, 1974, p. 104.

② Halliday, M. A. K. and Hasan, *Language, Context and Text: Aspects of Language in a Social-Smiotic Perspective*, Deakin University. Victoria, 1985, p. 20.

及某些还没有进入大部分人消费使用范围、还不为大众了解的新商品种类"①。

"硬卖"型的电视广告诉诸人们的理智，一般是介绍有关规格、结构特性、功用等方面的信息，以及商品的特性、优点、工艺过程或特别效用，还有价格水平、使用条件等等，说服人们购买该商品。这种广告特别适用于交通工具、金融等复杂的产品，其语言讲究平实、准确。这类"硬卖"型广告讲究说理清楚可信，表现在句类上就是多用平直的陈述语气，少用或不用疑问、感叹、祈使等语气手段。比如在电视广告语料中，金融保险业广告中疑问句只有两例，仅占该类产品广告句子总数的0.8%。金融保险业广告中的感叹句和祈使句分别占其所在产品类型的句子的4.1%和4.9%，也非常低。

"硬卖"型电视广告在语言运用上呈现出某些近似于新闻语体、科技语体的特征，整体风格相对朴实。例如：

[4-1] 中金在线全国独创888决策系统，汇集了中外百名顶级分析师共同研发而成，以三色K线配合独有的乾坤线，为您及时破解大盘和各股的波段拐点，站上乾坤线买入，跌破乾坤线卖出，持股持币一目了然。中金在线。（CCTV-2，2007年11月24日）

这条电视广告的语言准确、稳重、客观，全部由陈述句组成，里面涉及了一些专用术语如："三色K线""乾坤线""拐点"等。没有感叹、祈使或疑问句；语言都是写实性的，传递的都是硬性的信息；语气平实。

---

① 袁晖、李熙宗主编：《汉语语体概论》，商务印书馆2005年版，第426~427页。

（二）“软卖”型广告的句类使用频率分析

“软卖”型电视广告与袁晖、李熙宗提出的写意性广告体概念相当。“软卖”型电视广告诉诸人们的感情，唤起消费者对商品的好感，鼓动其购买欲望。“软卖”型广告主要靠移情取胜。“软卖”型广告在日常生活消费品、食品饮料、家居用品等产品类型中使用比例较高，倾向于用迂回曲折的方式诱发想象力。对于具有很多不同品牌的常用商品，“软卖”型广告较为适用，因为对于不同品牌的洗发水、巧克力、洗衣粉等很难绝对说清它为什么一定比别的同类产品更好；于是，广告干脆转向鼓动人们的感情。在这里，信息本身已被降到次要的地位，广告的全部着眼点是唤起一种美感和好感，一种使用该广告产品所产生的愉悦感，它试图在商品和使用商品的人之间建立感情上的联系，激起消费者情感的共鸣，从而鼓动消费者的消费欲望，引起消费者的购买冲动。这类普通消费者非常熟悉的日常商品，与其相关的商品信息大半对人们来说已经成为常识，没有什么新鲜度，大多（但并不是所有）很难用“硬卖”策略来宣传。因为它很难传递有关广告产品的新信息，很难吸引受众，这时就要使用“软卖”策略，力求从感情上打动受众，使商品获得受众的青睐。表现在句子的语气上就是富有抒情性，多用疑问、感叹、祈使等不同的语气手段来达到较好的传播效果。电视广告语料中家居用品类感叹句占24.2%，祈使句占23.9%，疑问句占20.7%。我们来看一个例子。

[4－2] 不在这儿，不在这儿，这儿也没有，它在哪儿呢？原来在这儿！每天都是这样，我和它就是亲不够。我总想多抱抱它，再亲亲它，用它最爱的伟嘉妙鲜包宠爱它。知道

吗？我们的七日妙之旅就要开始了！享受更多亲密时光，敬请登录网站或拨打热线。带您的猫咪一起来吧！（BTV－4，2007年10月26日）

这条广告用了两个疑问句、一个祈使句，三个感叹句，句式富于变化，具有强烈的感染力。

上面我们分析了不同产品的电视广告在句类上的差别，产生这种差别的一个重要原因是由于电视广告产品类型的不同而形成的。由于语场发生了变化，使得广告诉求策略也发生了变化，在句类的表达上也要相应地体现出这种变化。"硬卖"型的电视广告诉诸人们的理智，表现在句子的语气上就是多用陈述语气，少用疑问、感叹、祈使等不同的语气手段。"软卖"型电视广告通过鼓动人们的感情来达到推销商品的目的，表现在句子的语气上就是多用疑问、感叹、祈使等不同的语气手段，以达到较好的传播效果。

（三）"硬卖"与"软卖"结合型的广告句类使用频率分析

电视商业广告是为商业目的而使用的语言。在电视商业广告里，语言成了商业的工具。电视商业广告的职能要求它必须立即见效。在有限的篇幅和时间里，它必须说明情由，鼓动感情，给人以深刻印象，并尽可能地催人采取行动。要实现这样的目的，电视商业广告既要有一定的信息价值，又要有一定的移情作用，才能实现它的劝说功能。成功的电视商业广告既有信息价值，又有移情[①]作用，两者之间有

① 移情（empathy），就是说话者或作者用句子叙述时，把自己也投入到句子的情景之中，不太从自己的角度来说话，而是把自己置身于受话者的位置，设身处地地理解受话者的思想感情，从他们的角度来说话。

时很难有绝对的界限。

电视商业广告的“硬卖”（说理）与“软卖”（移情）两者经常混合在一起，也就是说，广告中提供信息和鼓动感情的成分往往都是结合在一起的，只是侧重有所不同。很多时候，同一条电视广告会同时采用“硬卖”与“软卖”两种策略。“硬卖”与“软卖”并不是界限分明、毫无交叉的，很多“硬卖”型广告中也时常会夹杂有感叹、祈使、疑问，以增强其趣味性和可读性；而“软卖”型广告中也并不绝对排斥陈述句，因为具体精确的数据和平白朴实的语言往往更有说服力，更能提高广告的可信度，从而更易得到受众的认可。语料中的电信服务、电子电脑、房地产、医药保健等产品一般较多采用这种结合型的诉求策略。在句类上表现为陈述、感叹、祈使、疑问等句类的混合使用。例如：

［4－3］GF768 随和或是自我？朴实或是进取？不同的风格，源自本身独特的性格。全新爱立信 GF768，缤纷的红、黄、蓝、绿色系，充分表现真我的风格；先进功能，加上长达三小时通话时间，六十小时备用时间，让你掌握跳跃的时代节拍，尽享缤纷多彩的生活！（湖北卫视，2007 年 8 月 26 日）

以上画线部分的句子表现的是富有感染性的“软卖”风格，其余的是表现信息性的“硬卖”风格。实际上，“硬卖”与“软卖”很多情况下都是混合使用的，不同的只是“硬卖”与“软卖”使用多少的差别。

第四节　电视广告的感叹句

这一节主要研究电视广告感叹句的类型、所占比例及其功能。

虽然感叹句由于感叹程度强弱的不同，与陈述句、疑问句、祈使句等句类往往会产生交叉现象，但典型的感叹句仍有自己特定的表情方式。电视广告语体的感叹句从形式上来看，可分为有标记的感叹句和无标记的感叹句两大类。有标记的感叹句包括由程度副词或指示代词、语气词、感叹词构成的感叹句。无标记的感叹句包括由非主谓句或主谓句加上感叹语调构成的感叹句。

按照以上分类方式，我们对电视广告中的感叹句进行了统计，得到各种感叹句类型的所占比例，结果如下：

表 4－5　电视广告感叹句的类型分布

<table>
<tr><th colspan="3">电视广告感叹句类型</th><th>句子数量</th><th colspan="3">各类型所占感叹句总数的百分比</th></tr>
<tr><td rowspan="7">有标记感叹句</td><td rowspan="5">程度副词或指示代词构成的感叹句</td><td>B 类："太＋感叹中心＋了"</td><td>240</td><td>6.3%</td><td rowspan="5">41.9%</td><td rowspan="7">59%</td></tr>
<tr><td>C 类："真＋感叹中心＋(啊)"</td><td>316</td><td>8.3%</td></tr>
<tr><td>E 类："这么(那么)＋感叹中心＋(啊)"</td><td>233</td><td>6.1%</td></tr>
<tr><td>F 类："好＋感叹中心＋(啊)"</td><td>305</td><td>8.0%</td></tr>
<tr><td>G 类："感叹中心＋了"</td><td>504</td><td>13.2%</td></tr>
<tr><td>语气词构成的感叹句</td><td colspan="2">577</td><td colspan="2">15.1%</td></tr>
<tr><td>感叹词单独构成的感叹句</td><td colspan="2">76</td><td colspan="2">2%</td></tr>
<tr><td rowspan="2">无标记感叹句</td><td>主谓句加感叹语调构成的感叹句</td><td colspan="2">1 012</td><td colspan="2">26.4%</td><td rowspan="2">41%</td></tr>
<tr><td>非主谓句加感叹语调构成的感叹句</td><td colspan="2">561</td><td colspan="2">14.6%</td></tr>
</table>

从表中我们看到,电视广告语料中的感叹句共有 3 824 个,具体分布情况如下:有标记的感叹句数量最多,共 2 251 个,占感叹句总数的 59%;无标记感叹句 1 573 个,占 41%,数量少于有标记感叹句;从每一种具体分类来看,无标记感叹句中的主谓句加感叹语调的类型数量最多,共 1 012 句,占感叹句总数的 26.4%。下面我们分别予以讨论。

一、有标记感叹句

电视广告中有标记感叹句共 2 251 个,占所有感叹句总数的 59%,是电视广告感叹句中所占比例最大的一类。这些有标记的感叹句大概分布情况如下:

(一)由程度副词或指示代词构成的感叹句

由表示程度的副词“好”“太”“真”“多(么)”以及指示代词“这么”“那么”等加在作为感叹中心的形容词或某些动词性结构前面组成的感叹句。这类感叹句一般表示说话人认为程度很高,并带有略微夸张或强调的口吻。有学者将其归纳为以下几种格式:[①]

A. 多么 + 感叹中心 + (了)

B. 太 + 感叹中心 + 了

C. 真 + 感叹中心 + (啊)

D. 可 + 感叹中心 + (呢)

E. 这么(那么) + 感叹中心 + (啊)

F. 好 + 感叹中心 + (啊)

---

① 王景丹:《试析话剧语体中的感叹句》,《宁夏大学学报》(人文社会科学版)2007 年第 4 期。

G. 感叹中心 + 了

从电视广告语料来看,A 类和 D 类的感叹句没有一例出现。电视广告中有标记的感叹句主要集中在 B、C、E、F 四种类型。下面我们分别举例如下:

第一,B 类的"太 + 感叹中心 + 了"结构。这一类在语料中共有 240 个,占感叹句总数的 6.3%。程度副词"太"用在感叹句中主要有两种用法:一是表示程度超过了适当的限度,这种用法一般为"太 + 形容词/形容词短语";二是表示程度非常高的意思,句末一般带有"了",用法为"太 + 肯定形式"。例如:

[4-4] 甲　攻守兼备好功夫,新汰渍皂角净白,烧不烧手啊?

乙　不觉得。这就叫皂角,天然的。

甲　好白啊!它的功夫太好了!真厉害!

乙　新汰渍皂角净白,兰诺汰渍之选。(广东电视台珠江频道,2007 年 10 月 31 日)

[4-5] 漂洗,又漂洗,实在太花时间了!实在太累人了!你花太多时间漂洗了!你需要兰诺柔顺剂,一漂迅速去泡。漂洗柔顺就更快,甩掉这漂洗的拖累,什么都能更快搞定。兰诺真的一漂就行,来自宝洁。(上海电视台电视剧频道,2007 年 10 月 1 日)

第二,C 类的"真 + 感叹中心 +(啊)"结构。"真"表示确认,多用于口语。一般用法为"真 + 形容词/形容词短语"。这一类共有 316 个,占感叹句总数的 8.3%。例如:

[4-6] 十多年创新技术成果,好迪精华素亮发喷雾,使用更方

便,只需轻轻一按,就像煽了油一样好顺滑,好迪真好!大家好才是真的好!广州好迪。(安徽卫视,2007 年 9 月 30 日)

[4 -7] 集美家居 30 万平方米,真气派!400 辆免费班车,真方便!集美家居常年购物赠奖,真实惠啊!买家具,选建材,到集美。集美,朕信得过。(BTV -2,2008 年 11 月 16 日)

第三,E 类"这么(那么)+感叹中心+(啊)"结构。这一类一般都由"这么(那么)+形容词性词语"构成。"这么"或"那么"加在形容词前面,表示说话人对电视广告产品或服务(评述对象)所具有的商量度性质的主观判断。通常情况下表示这个商量度的性质超过了说话人心理许可的限度而发出的感叹。这一类共有 233 句,占感叹句总数的 6.1%。例如:

[4 -8] 以人为本,以心为桥,民心桥上我们不是过客。沟通就这么简单!世界就在你的耳边,一起来唱出阳光味道,Come on,感受内心精彩。让我们一起聆听 2008 的中国交响。(深圳卫视,2007 年 12 月 28 日)

[4 -9] 甲　妈,你的手还是那么滑!

乙　我用隆力奇蛇油果酸护手霜八年了。

丙　老师,你的手好嫩!

丁　我用隆力奇护手霜六年了,蛇油果酸双重呵护,护手霜就用隆力奇。(CCTV -1,2007 年 11 月 11 日)

第四,F 类的"好+感叹中心+(啊)"结构。"好"表示程度深,"好+形容词"在谓语位置上表示感叹语气,"好+形容词"在定语位置上，单说也表示感叹。这一类共有 305 个，占感叹句总数的 8%。例如：

［4－10］每天我最享受泡泡洗个澡，隐形眼镜更要好好清洗，博士伦润明除蛋白护理液，三效防护配方去除蛋白杀菌保湿，镜片内外干净清新，眼睛的边边角角也很健康，好清新！好健康！润明除蛋白护理液，清新镜片每一天，现在购限量版润明送美国限量版缤纷镜盒，快行动吧！（BTV－10，2007 年 10 月 16 日）

［4－11］甲　妈妈，看威白热气球。升级威白挑战污渍，更挑战黄渍。

乙　发黄还能洗掉？我不信，这样还能洗干净？

甲　没问题，全新威白污渍爆炸盐，超强去污，污渍在眼前消失，更可以去黄，污渍全没了！好白！好透亮！和污渍、黄渍说拜拜，升级威白，德国汉高。（BTV－10，2007 年 9 月 15 日）

第五，G 类的“感叹中心＋了”。这一类共有 504 个，占感叹句总数的 13.2%，在有特殊标记的感叹句中是比例最高的一类。用在感叹句句末的“了”表示认可事实，表示喜悦、惊叹等感情色彩。例如：

［4－12］你的保险期是多久？贫血色斑经期紊乱，缩短女人保险期，男人爱新鲜，女人要保鲜，补充新鲜血我喝美媛春，脸色红润了！色斑不见了！经期也顺了！天天补充新鲜血，延长女人保险期。美媛春口服液补血美容好新鲜。（广东电视台公共频道，2007 年 10 月 8 日）

[4－13] 棒极了！我的伊克萨斯能照出你的脸。美丽的拍摄，任何时候都能拍美丽的脸，新伊克萨斯。佳能，感动常在。(CCTV－6，2007年11月5日)

[4－14] 完美极了！美国康宁餐具。为了展示CORELLE最新的花色，邀请了国际名模来走秀。CORELLE玻璃餐具时尚不易碎。CORELLE康宁餐具，Long lasting beauty！(东方卫视，2007年11月4日)

(二)由语气词构成的感叹句

语气词是表达感叹的主要手段，电视广告中由语气词构成的感叹句共有577个，占感叹句总数的15.1%。句末语气词的使用以“啊”为主，“啊”受前一音节尾音的影响可以读作“呀/哇/哪”。[①] 感叹句的基本用途是抒发说话人对命题所描述情景的强烈感情，说话人使用感叹句正是为了将自己的情感宣告出来，“啊”为此提供了很好的语言手段；当说话人使用“啊”来抒发自己强烈的感情时，他一方面表明了自己确信对感叹情景所做的断言，另一方面也希望听话人能够与自己产生共鸣，分享自己的情感。电视广告语料还有以“啦”[②]等用在句末做感叹词的，但所占比例较小。例如：

[4－15] 早上的纸尿裤胖胖的。新妈咪宝贝瞬吸干爽层，整晚瞬间

① “啊”的前一音节的韵母或韵尾是a，e，o，i，u，读成“呀”。“啊”的前一音节的韵母或韵尾是u，ao，ou时，读成wa，书面上写成“哇”。“啊”的前一音节的韵母或韵尾是－n，读为“哪”。

② “啦”是语气词“了2”(le)和语气词“啊”(a)连用，“啊”是元音开头，跟“了”融合成一个音节：啦。它兼有两者的作用，经常放在句尾。参见侯学超：《现代汉语虚词词典》，北京大学出版社1998年版，第377页。

吸收尿液,薄薄的还能吸收,当然干爽啊!早上还是薄薄的,才是干爽的保证。妈咪宝贝,瞬吸干爽。(BTV -2,2007 年 10 月 30 日)

[4 -16] 甲 这是什么米?

乙 那可不是米啊!那是五洲丰牌纳米缓控释肥料,纳米肥,五洲丰牌纳米缓控释肥。一次性施肥不用追肥,肥效嘎嘎的。

甲 哦?你也知道啊!(陕西卫视,2007 年 12 月 22 日)

[4 -17] 北京华天庆丰的包子,香啊!(BTV -3,2007 年 12 月 9 日)

[4 -18] 孚日大家纺,这里有家的一切。床品亲近你的肌肤,毛巾柔软你的内心,布艺装点你的生活。孚日大家纺,整体更有大感觉,好柔软啊!孚日大家纺,真正大家纺。(广东卫视,2007 年 10 月 9 日)

[4 -19] 百盛周年庆火爆开始啦!限制 1 月 4 号,单柜买 199 元立减 100 元,化妆品珠宝手表饰品满 1000 元即送 110 元。来店无须消费,刷任意信用卡赢取价值 35 万元奔驰 C200K 新款轿车,还有众多银行及商业卡活动,让您尽享多重优惠。百盛淮海店、虹桥店、莘庄店恭候您的光临!(东方明珠移动电视,2007 年 12 月 21 日)

[4 -20] 甲 今天英特尔酷睿 2 双核就要梦想成真啦!你有什么打算?

乙 性能提升高达百分之四十。我要找个想当数学家的孩子。不!文学家,画家,音乐家。

甲 你不如帮他门门都第一。

乙 好主意!我第一啦!

甲　让你和你的电脑一路超越。英特尔酷睿2双核,强劲电脑的芯。(湖南电视新闻综合频道,2007年9月1日)

(三)由感叹词单独构成的感叹句

总体来看,感叹词独立构成感叹句的情况在感叹句中所占比例不多,共有76句,仅占2%。语料中由感叹词"啊"单独使用构成的感叹句有18个,由"哦"独用构成的有58个。例如:

[4-21] 啊!怕污染?怕污染,刷健康大使漆啊!今天富亚可又风光了一回,您到这儿看看。(CCTV-2,2007年11月9日)

[4-22] 哦!原来这个圆全红了就是饱和呀!饱和了就能涨,怪不得这只股票涨了这么多。您的股票今天饱和了吗?麟龙软件,订购热线:021-51611000。(浙江卫视,2007年9月21日)

[4-23] 哦!太可爱了!赶快使用炫飞吧,照片马上就能打印出来。就这么快!很棒吧?拍了自己打印。佳能,感动常在。(CCTV-5,2007年7月18日)

二、无标记感叹句

语料中的无标记感叹句共有1 573句,占感叹句总数的41%。电视广告中无标记的感叹句主要由主谓句或非主谓句加上感叹语调组成。

(一)主谓句加感叹语调构成的感叹句

由主语和谓语两个成分构成的单句叫主谓句。从谓语的构成看,它可以分成以下几个小类:动词性谓语句、形容词性谓语句、名词性谓语句以及主谓谓语句等。[1]

电视广告中主谓句构成的感叹句主要有动词性谓语句、形容词性谓语句和名词性谓语句三类。主谓句构成的感叹句在电视广告中所占比例比较高,语料中共有1 012句,占感叹句总数的26.4%。电视广告中动词性谓语句加上感叹语调构成的感叹句稍多于由形容词性谓语句和名词性谓语句加感叹语调构成的感叹句。下面我们分别举例说明。

第一类,动词性谓语句加感叹语调构成的感叹句。

动词性词语充当谓语的句子叫动词性谓语句。主谓句中的动词性谓语句最复杂、特点最多。电视广告中,由主谓句中的动词性谓语句构成的感叹句数量最多,使用频率最高。其中,动宾谓语句和兼语谓语句又是这类感叹句中数量最多的两种类型。

动宾谓语句构成的感叹句,例如:

[4-24] 电信欢乐送大礼!加拨11808国内长途单次45分钟只要一块九毛九,国际及港澳长途还有更多优惠!中国电信11808。(浙江卫视,2007年11月13日)

[4-25] 2007年7月2日,中国首个经济圈指数系列正式交易所行情系统。《第一财经》长三角指数,《第一财经》珠三

① 黄伯荣、廖序东:《现代汉语》(增订三版),高等教育出版社2002年版,第117~119页。

角指数，《第一财经》环渤海指数，中国高速成长的三大经济圈各40只绩优股票。《第一财经》，权威选择。投资中国最发达地带，把脉区域经济动向，《第一财经》经济圈指数系列，您值得拥有它！（上海电视台第一财经频道，2007年12月13日）

兼语谓语句构成的感叹句。由兼语短语充当谓语或独立成句的句子叫兼语句。[①] 电视广告的兼语谓语句中前一动词有使令意义，能引起一定的结果。电视广告的兼语谓语句出现最多的动词有“让”和“令”两个，“让”字出现频率多于“令”字。例如：

［4－26］红运麦当劳让你新年开红运！来，来，来，开红运啦！首先红烩福牛堡一个，然后红烩福鸡堡一个，再来红草莓特饮一杯，最后和朋友一起喊红运。买红运套餐，就送百分百中奖红包。红运，让这个新年红红火火，红运大开！（中国教育电视台一套，2007年12月5日）

［4－27］特别设计让眼睛瞬间变大变亮！眼睛会说话了，第一眼就看到你了。强生美瞳两款不同设计让每个你都是主角！（CCTV－1，2007年11月25日）

［4－28］吉美臣品牌折扣中心，地铁里的折扣中心。汇聚国内外知名品牌，天天折扣让你惊喜不断！地铁三号线漕溪路站，交通便利，购物餐饮齐聚一站。吉美臣三周年庆典A类折扣品，消费满200送80元，B类折扣品消费满200送60，地铁里的折扣中心。品牌折扣不休息，就在

① 黄伯荣、廖序东：《现代汉语》（增订三版），高等教育出版社2002年版，第126页。

吉美臣品牌折扣中心。吉美臣品牌折扣中心,地址:地铁三号线漕溪路站。(东方明珠移动电视,2007年12月30日)

[4-29] 铜鼓黑沙湾位于台山赤西半岛,沙滩长一点五公里,是世界罕有的黑沙滩。黑沙湾汇集休闲度假、餐饮住宿、娱乐购物等多个项目功能于一体,交通方便。铜鼓黑沙湾,一个令你乐而忘返的好去处!(广东电视台珠江频道,2006年3月11日)

上述例句中,都是使令兼语句做感叹句用的。电视广告中,这种感叹句大量存在,而且是一种比较重要的感叹句类型。这种句式的较多使用,与广告主的创作意图有关,因为"使令兼语句往往从描述某一商品所能给消费者带来的特殊变化入手来进行宣传,以此吸引受众"①。而且,这种句式既能突出特定产品或服务及其相关特征,又能直接把使用该产品或接受该服务后的效果陈述给受众,因此受到广告创作者的青睐。

第二类,由形容词性谓语句构成的感叹句。电视广告语言中,形容词作谓语常常使用褒义形容词的复杂形式。例如:

[4-30]《上海电视》最新出版,杨丞琳《赖不掉的青春罪》《和林亚伦有关的日子》,曝光棒棒堂,乌龙事件提前解密。全彩《上海电视》,娱乐更精彩!(上海电视台电视剧频道,2007年12月12日)

[4-31] 七匹狼捍东风衣,更轻、更薄、更暖!(CCTV-2,2007

① 袁晖、李熙宗主编:《汉语语体概论》,商务印书馆2005年版,第413页。

年 11 月 11 日）

[4 -32] 喝来喝去唯有燕京清爽，品了又品还是燕京纯香。燕京啤酒，清爽纯香！（BTV -7，2007 年 9 月 10 日）

例[4 -30]和例[4 -31]中的感叹句谓语都是由“状语 + 形容词”构成的。例[4 -30]中的谓语由副词“更” + 形容词“精彩”构成。例[4 -31]中的谓语由副词“更” + 形容词“轻、薄、暖”构成。例[4 -32]中的感叹句谓语由两个形容词“清爽”“纯香”连用构成。

第三类，由名词性谓语句构成的感叹句。电视广告中，名词句中的主语和谓语之间的联系比较松散，中间有一定停顿，主语一般是特定的产品或服务的名称，谓语表示对该主语的解释、说明、判断。例如：

[4 -33] 2005 年加拿大 Wise Lite Technology 公司看到 SEE 技术给人类带来的划时代意义，经过一年的技术攻关，终于让唯一通过国家检测中心验证的无辐射、无频闪的产品惠视聪明灯成为现实。惠视聪明灯全球首次将 SEE 直流荧光灯发光技术应用到家庭照明，彻底消除频闪现象和高频辐射现象，真正实现了荧光灯绿色照明。惠视聪明灯现已通过国家权威机构的检测和鉴定，惠视聪明灯同时成为集多项专利于一身的国家立项项目，产品的质量通过国家 CCC 认证，台灯等单端荧光的安全要求，国标起草单位，综合技术列为国际领先水平。惠视聪明灯，无辐射、无频闪的真正健康灯！（广州电视台少儿频道，2007 年 10 月 5 日）

[4 -34] 质量是五粮液永恒的主题。每一瓶五粮液的诞生从原

料选购到成品酒的出厂，经过 36 道防线，层层把关。长江源头的自然生态环境，十里酒城的酿造规模。精选五种粮食，和谐配方。至今仍在使用的明初老窖，独具自然的酿造工艺，各味协调，恰到好处，尤以酒味全面而著称。质量铸就五粮液和谐完美品质。中国的五粮液，世界的五粮液。五粮液，情义之酒！（CCTV－4，2007 年 12 月 19 日）

[4－35] 世界上最宽广的是海，比海更高远的是天，比天更博大的是男人的情怀。洋河蓝色经典，男人的情怀！（CCTV－1，2007 年 12 月 19 日）

上例广告中都是名词性谓语句加上感叹语调形成的感叹句，谓语都是一个偏正结构的名词性短语，对前面的主语起判断、说明的作用，简单明了地介绍产品。

（二）非主谓句加感叹语调构成的感叹句

分不出主语和谓语的单句叫非主谓句。它由主谓短语以外的短语或单词加句调形成。这类句子大都要在一定的语境里才能独立成句。可以分为以下几类：形容词性非主谓句、动词性非主谓句和名词性非主谓句。[①] 这一类句子加上感叹语调就可以构成感叹句。

电视广告中，非主谓句加上感叹语调构成的感叹句主要有两种：一种是动词性非主谓句，另一种是名词性非主谓句。非主谓句加上感叹语调构成的感叹句共 561 句，占感叹句总数的 14.6%。下面我们分

① 黄伯荣、廖序东：《现代汉语》（增订三版），高等教育出版社 2002 年版，第 121 页。

别举例说明。

一种是由动词性非主谓句构成的感叹句。例如：

[4－36] 擂响中国！第五届“梨园春杯”全国戏剧擂台赛半决赛大幕开启，百余位2007年擂台精英为总决赛入场券展开激烈争夺。梦想的超越，实力的比拼。“华龙面梨园春”2008年新春的序曲即将奏响，元月11日20点05分，元月12日至17日22点。河南卫视“华龙面梨园春”全程记录，值得期待。（河南卫视，2007年12月28日）

[4－37] 热烈庆祝内蒙古联通成立十周年！为答谢新老用户的支持，特推出联通十周年回馈千万家活动。活动1：寻联通十年之友，回馈十万老用户。活动2：喜迎联通500万用户千万礼品大赠送。活动3：10月22日同庆生日，我和联通有个约定。活动4：联通十年拇指助学活动。详情请咨询10010或当地联通营业厅，我们真诚邀请您分享内蒙古联通十周年的成长喜悦。（内蒙古卫视，2007年10月18日）

[4－38] 快乐家族完成了一个不可思议的任务。刺激！刺激！刺激！怎么回事呢？我到了一辈子都没有想到要去的地方，见了一辈子都没有想到可以见的人，体验了一辈子都没有想到可以体验的事情。加油！1月19日，道道全湖南卫视春节联欢晚会等着你！好油怎么选，关键看两点。好油当然道道全。（湖南卫视，2007年12月23日）

上述例句都是动词性非主谓句构成的感叹句。例[4－36]中动词性中心语为“擂响”。例[4－37]中动词性中心语为“庆祝”。例[4－

38]是由动词“刺激”单独构成的感叹句。

一种是由名词性非主谓句构成的感叹句。名词性非主谓句是指由一个名词或定中短语形成的句子。在广告语言中,由定中短语构成的名词性非主谓句比较常见。电视广告里,由非主谓句构成的感叹句中,大部分属于这种类型。例如:

[4-39] 特惠喜讯!中国联通通告全国手机用户!CDMA买手机送话费得靓号活动正在进行中。来电即可订购,联通华圣为您提供货到付款服务,中国联通买手机送话费得靓号热卖中。订购电话400-8180880,中国联通。(重庆卫视,2007年10月20日)

[4-40] 规模宏大的高级会所,风格各异的宴会餐厅,健康前卫的休闲场地,独自一体的国宴菜系,百盛王朝国际餐饮会所,商务宴请头等舱。昔日王朝帝,今日百盛楼!(宁夏卫视,2007年11月13日)

[3-41] 南中国林山深处别墅城,恒大金碧天下,世界级皇家园林,欧陆经典别墅。临海深井洋房,满屋名牌9A金装,十万平方米国际级航母配套,五星级大酒店,六大中心。恒大地产集团!(广东南方电视台经济频道,2007年12月30日)

上述三个例子中都是名词性非主谓句做感叹句。例[4-39]和例[4-40]中的感叹句由定中短语形成。其中,例[4-39]的定语为“特惠”,中心语为“喜讯”;例[4-40]的定语为“昔日、今日”,中心语为“王朝帝、百盛楼”。例[4-41]的感叹句由一个专有名词“恒大地产集团”构成。

三、电视广告感叹句的特点

总的来看,电视广告中的感叹句类型有以下特点:

第一,电视广告中有标记的感叹句(59%)所占比例大于无标记的感叹句(41%)。这反映了电视广告中感叹句趋向于使用具有较强感叹标志的感叹句,这样可以抒发广告主强烈的情感,以更好地引起消费者的情感共鸣,激发消费者的情感记忆,达到促销的目的。

第二,电视广告中有标记感叹句类型中由程度副词或指示代词构成的感叹句所占比例较高(41.9%)。由程度副词或指示代词构成的感叹句所占比例较高反映了电视广告创作者对广告产品质量或服务的赞叹或肯定,同时也是对广告产品或服务质量的肯定。这些程度副词用在感叹句中表示程度非常高,带有强烈的感情色彩,其中的感叹成分多为褒义的形容词。就表达内容来说,电视广告中的有标记感叹句一般是用来表达说话人比较强烈的主观感受的,体现着说话人对电视广告产品或服务的情感反应或态度,在较大程度上带有主观评价性。可以说,“主观性”是电视广告中感叹句的重要特点之一。

第五节　电视广告的祈使句

这一节主要研究电视广告祈使句的类型、所占比例及其功能。

祈使句可以分为肯定式和否定式两大类。粗略地说,肯定式祈使句通常表示命令、建议、请求等祈使意义;否定式祈使句则通常表示禁止、劝阻等祈使意义,语义功能与肯定式相对。肯定式又分为强调式和一般式。强调式中含有助动词“(应)该”“可以”“(一定)要”“(千万)要”等强调标记(emphatic marker);既不含否定标记也不含强调标记的即为一般式。否定式中含有“别”“不要”“不准”等否定性标记。[①]

按照上述分类法,我们对电视广告中的祈使句类型进行统计,结果如表 4 -6。

表 4 -6　电视广告祈使句的类型分布

<table>
<tr><th colspan="3">祈使句类型</th><th>标记</th><th>句子数量</th><th colspan="2">占祈使句的百分比</th></tr>
<tr><td rowspan="5">肯定祈使句</td><td colspan="2">强调式</td><td>强调标记“(应)该”“可以”“(一定)要”“(千万)要”</td><td>363</td><td colspan="2">9.3%</td></tr>
<tr><td rowspan="4">一般式</td><td>表请求的</td><td>含有“请”“敬请”“恭请”</td><td>1 047</td><td>26.8%</td><td rowspan="4">86.4%</td></tr>
<tr><td>表催促的</td><td>含有副词“快”“快点”“赶快”</td><td>847</td><td>21.7%</td></tr>
<tr><td>表劝说建议的</td><td>零型作标记(zero form)</td><td>1 379</td><td>35.3%</td></tr>
<tr><td>表其他的</td><td>零型作标记(zero form)</td><td>102</td><td>2.6%</td></tr>
<tr><td>否定祈使句</td><td colspan="2">否定式</td><td>否定标记“别”“不要”“不准”</td><td>168</td><td colspan="2">4.3%</td></tr>
</table>

从表 4 -6 中的统计结果我们看出,电视广告的祈使句共 3 906 句。祈使句中一般式的祈使句数量最多,共 3 375 句,占祈使句总数的 86.4%;强调式祈使句共 363 句,占祈使句总数的 9.3%;否定式共 168 句,占祈使句总数的 4.3%。

① 袁毓林:《现代汉语祈使句研究》,北京大学出版社 1993 年版,第 16 ~ 17 页。

下面我们就电视广告中的祈使句类型及分布情况进行分析。

一、肯定祈使句

肯定祈使句有两种类型：强调式和一般式。电视广告中的强调式祈使句所占比例较小，一般式祈使句所占比例较大。

（一）强调式

强调式祈使句也称有标记的肯定式祈使句，是指句中含有助动词"（应）该""可以""（一定）要""（千万）要"等做强调标记。电视广告的强调式祈使句共363句，占祈使句总数的9.3%。

第一，句中含有"（应）该"的。"（应）该"表示情理上必须如此，在语义上大体相当于"一定要"，它是从客观必要性方面来传达祈使内容的。电视广告中常用"（应）该"来表示劝告。如：

[4-42] 创作不应该只是靠想象而是靠发现，每一个创作者都应该走出去，走出去才有新发现。当你用心去观察、聆听的时候，灵感就会无处不在。原创在路上，百年匡威和你一起继续出发。（上海教育电视台，2007年10月10日）

[4-43] 有节不屈，男人就应该对自己狠一点。柒牌中华立领，柒牌男装。（CCTV-5，2007年3月25日）

[4-44] 甲 来尝一尝，来尝一口奶奶烧的菜。

乙 妈，早该用太太乐鸡精了。

丙 好吃，太太乐鸡精，还真鲜得有一套。（CCTV-3，2007年12月23日）

[4-45] 如果你看过《舞之魂》，那么你更应该看看 *Dancing*

Queen。音乐经典盛典大型歌舞《舞蹈皇后》,9 月 24、25 日上海美琪大戏院让你在迪斯科的舞步中快乐到极点,订票热线:62486377,8008201585。(上海东方电视台文艺频道,2007 年 9 月 15 日)

第二,句中含有“可以”的。例如:

[4 -46] 各种时候都可以用云南白药膏。(广东电视台新闻频道,2007 年 8 月 12 日)

[4 -47] 甲　祝爷爷奶奶身体健康!

乙　你的礼物。

甲　哇,可以一起看米奇妙妙屋了。

乙　看,你喜欢的米奇项链。

甲　我喜欢的米奇天天陪着你们。

乙　小奇真乖,我们一起去看米奇吧!

甲　好棒啊! 米奇奇妙年,全家更开心!(CCTV -6,2007 年 12 月 19 日)

“可以”有三个义项:表示主观、客观条件容许干什么;表示情理上应该;表示值得干什么。这三个义项都可以用于祈使句中。例[4 -46]中的“可以”表示主观、客观条件容许干什么;例[4 -47]中的“可以”表示情理上应该做什么。

第三,句中含有“(一定)要”的。“要”有三个义项:表示意志上的要求;表示事实上的需要;表必然。从这三个义项中,我们分析出第一个和第三个义项能用在祈使句中。“要”字句一般是表意愿内容的祈使。“要”后面的内容对祈使主体来说,是意愿;但对受祈对象来说,是必要性的努力。电视广告中的“要”字祈使句大都是这种用法。如：

[4－48]《博客奇谭》总有一种结局让你目瞪口呆，25 分钟和悬疑惊悚面对面，《博客奇谭》和你共享都市神话，《博客奇谭》悬疑大片天天看，博客中的经典榜样。走进广东卫视翻阅《博客奇谭》，每周一到周四锁定广东卫视，收看《博客奇谭》。看电视呢，一定要看《博客奇谭》。（广东卫视，2007 年 9 月 15 日）

[4－49] 小葵花妈妈课堂开课啦！孩子咳嗽老不好，怎么办呢？多半是肺热。用葵花牌小儿肺热咳嗽口服液，清肺热治疗反复咳嗽。妈妈们一定要记住哦。（重庆电视台，2007 年 11 月 11 日）

[4－50] 一瓶胜多瓶的玉兰油多效修护霜，含更多复合维他命，同步对抗多种肌肤岁月问题，焕发年轻光彩。玉兰油多效修护系列，你一定要试一下哦。（CCTV－1，2007 年 11 月 20 日）

[4－51] 请记住我们《丑女无敌》第二季的播出时间。每周一到周四晚上八点半，记得一定要收看湖南卫视自制时尚励志互动喜剧——《丑女无敌》第二季。Happy New Year！湖南卫视自制时尚励志互动喜剧《清扬·丑女无敌》第二季就在 1 月 12 日起每周一至周四晚八点三十分，敬请期待。一年了，看，就是没头屑，清扬无屑可击。（湖南卫视，2007 年 12 月 31 日）

[4－52] 2008 年寒假强档，《喜洋洋与灰太狼》首部动画电影《牛气冲天》全国上映啦！领衔主演——喜羊羊，领衔主

演——美羊羊。啊？还是灰太狼！《喜羊羊和灰太狼》和全体研制人员祝电视机前的观众朋友们在新的一年万事如意，牛气冲天！1月16日，记得要来看电影哦。（上海东方电视台新闻娱乐频道，2007年12月27日）

上述例子当中，“（一定）要”均表示意志上的要求，表示广告主的一种意志与愿望，那就是希望消费者都去使用广告产品或按照广告主要求的去做。

总的来看，电视广告中强调式祈使句所占比例很小。这是因为在电视广告中，广告主和消费者是一种平等关系，不能使用命令的口吻去对消费者说话。从交际双方的关系来看，广告语篇的发话者（广告主）是没有资格、权力对受话者（消费者）发出“命令”的，他也不能用“命令”的口吻去要求受众购买某一产品或接受某种服务，因为在商业世界里，消费者是“上帝”。[①]

（二）一般式

除了上面分析的标记有助动词“（应）该”“可以”“（一定）要”“（千万）要”等做强调标记的祈使句之外，电视广告中还有大量的一般式祈使句。一般式祈使句数量最多，共3 375句，占祈使句总数的86.4%，是电视广告祈使句中数量最多的一种祈使句。下面我们从一般式的类别和句末语气词两方面来分析电视广告中的一般式祈使句。

---

① 黄国文：《语篇分析的理论与实践——广告语篇研究》，上海外语教育出版社2001年版，第164页。

1. 一般式的功能类型

电视广告中一般式祈使句的功能类型主要集中在表请求、表催促、表劝说或建议三种类型上。下面我们分别讨论一般式祈使句的这几种功能类型。

(1)表达请求的。这类祈使句表达尊敬、客气的请求。广告主在向消费者发出购买商品或接受服务的邀请时,用“请”既能表达请求,又能表达广告主应有的礼貌。语料中,用来表达尊敬、客气的请求词语主要有:“请”“敬请”“恭请”等。电视广告中,表达请求一类的祈使句共 1 047 句,占祈使句总数的 26.8%。请求类祈使句中包含“请”的最多,包含“敬请”“恭请”的次之。在使用请求句的语境中,往往是说话人在某一方面有求于听话人,因此,请求句的语气是谦卑恭敬的。例如:

[4-53] 一部永恒的著作,一份节日的厚礼,一种珍贵的价值,一生伴随的健康,红楼梦中沱茶香鉴藏精品普洱茶,《红楼梦中人》大赛唯一授权。请拨打贵宾热线:400-7008816,010-68421818。红楼梦中沱茶香。(BTV-1,2007 年 12 月 27 日)

[4-54] 青春的旋律,不老的歌声,闪烁的星光,你我的盛会,第十三届 CCTV 青年歌手电视大奖赛甘肃赛区全面启动,将在全省设立分赛区,强悍媒体联袂的盛典,商家实力展示的平台,敬请关注。联系电话:0931-8569153,13893125237,联系地址:甘肃省广播电影电视总台广播电视文艺中心大型活动部。(甘肃卫视,2007 年 11 月 28 日)

[4 －55] 中国商界名流的顶级赛事，第一财经商界精英高尔夫挑战赛，2007 年度再续华章。高手云集，挥杆间运筹帷幄。友人相聚，谈笑中品味人生。恭请您亲临现场，体验精英风范。2007 第一财经商界精英高尔夫挑战赛由百龄坛特别呈现。（上海电视台第一财经频道，2007 年 12 月 4 日）

（2）表达催促的。这类祈使句表示催促的意思，含有让消费者立刻或尽量快些做某件事的意思。句子里一般有副词“快”“快点”“赶快”①等词语，有的句末还用语气词“吧”或“啊”。“副词‘快’‘快点’‘赶快’多用来表示未然的动作，常用在祈使句。”②语料中含有副词“快”“快点”“赶快”这三个词的祈使句共 847 个，占祈使句总数的 21.7%。

“副词‘快’表示‘赶快，从速地（行动）’的意思时，用‘快’的句子是祈使句。一般来讲，副词‘快’修饰的成分是单音节动词或动词短语。”③电视广告中“快”用在祈使句中可以表示催促——说话人要求听话人尽早地行动。以下几个例子中的动词“上、来、去”都是单音节动词。

副词“快”构成的祈使句，例如：

[4 －56] 那么多广告商品，快上淘宝网看看吧。（湖南电视台新闻综合频道，2007 年 12 月 4 日）

[4 －57]《超舞旋风》点亮夏日激情，新版超舞来到您的身边。快

① “快”是副词，表示抓紧时间，迅速行动；赶快。“赶紧（赶快）”也是副词，表示抓紧时间，毫不拖延；尽快。多用于祈使句。这种用法的“赶紧（赶快）”可以单独使用。详见侯学超：《现代汉语虚词词典》，北京大学出版社 1998 年版，第 374 页、第 213 ~ 214 页。

② 朱景松：《现代汉语虚词词典》，语文出版社 2007 年版，第 273 页。

③ 朱景松：《现代汉语虚词词典》，语文出版社 2007 年版，第 274 页。

来加入超舞探险旅程吧。用舞力征服世界，一起感受新版 V5.5 夺宝奇兵的无限乐趣，久游网互动娱乐王国。（东方卫视，2007 年 9 月 2 日）

副词“快点”构成的祈使句，例如：

[4-58] 大师烧鱼好味道，大师就在海上渔市，好漂亮啊！好气派啊！大师在这，很实惠哟。快点去海上渔市。（上海东方电视台音乐频道，2007 年 10 月 1 日）

[4-59] 甲　停车！快点，快点，快点。哎呀，弄脏你们衣服啦。

乙　不怕，不怕，我们家有雕牌超白。雕牌超白系列，把表面的污渍和藏在里面的污渍通通洗干净，脏不怕，污渍藏不住。用雕牌，不怕脏，超白超干净，雕牌超白系列。（CCTV-3，2007 年 10 月 1 日）

副词“赶快”构成的祈使句，例如：

[4-60] 感冒还在坚持不倒，赶快用琦效牌布洛伪麻软胶囊。吸收快，起效快，神清气爽，治感冒认准琦效牌，石药集团。（甘肃卫视，2007 年 12 月 20 日）

[4-61] 紫砂壶需由全手工操作，通过打泥条、回身桶、拍身桶制造而成。具有独特艺术品位的品茶用壶，紫砂世界是由江苏宜兴工艺美术大师杨志仲，王府陶庄工艺美术师王锡军，咏陶居工艺美术师卢永强、许静峰，盛陶壶艺工艺美术大师盛东兴设计制造。赶快去紫砂世界啦！（广东电视台公共频道，2007 年 9 月 13 日）

在表达催促的祈使句中，我们发现动词主要有“来、去”等。这一类句子中的动词“来”或“去”的共有语义成分是人体移动，趋近或离开某个参照点。这种祈使句的语调短促有力，能很好地切合催促这种句式义。另外，我们还发现，电视广告语料中使用“来”的比例远远超过“去”，这是因为“来”是敦促听话人趋近说话人的，而“去”是催促听话人赶快离开说话人的。在电视广告中，为了吸引消费者购买电视广告产品，广告主一般都采取拉近与消费者距离的办法，而较少采取疏远说话人和消费者距离的办法。例如：

[4－62] 想挑战世界冠军？快来报名参加中华牙膏活力成双羽毛球公开赛吧。活力四射的羽毛球比赛，妙趣横生的羽毛球嘉年华，现场歌迷将有机会和冠军国手挥拍过招，更有惊喜大奖等你拿。9月2日让我们相约北京颐方圆体育健康城综合馆，全程挥拍，分享冠军风采，就等你了。(BTV－6，2007年9月1日)

[4－63] 淹城野生动物世界，超大型野生动物景观主题公园。快来感受丛林中野兽的惊险刺激吧。回归自然，与200种动物亲密接触。淹城野生动物世界，9月30号盛大开园。(江苏电视台新闻综合频道，2007年9月26日)

[4－64] 快去新世界城世嘉游艺新天地，体验前所未有的游戏乐趣吧。最新日本的火爆人气卡片游戏、三国志大战、世界冠军俱乐部足球，期待您的到来。(东方明珠移动电视，2007年9月29日)

(3)表示劝说或建议的。电视广告中表示劝说的祈使句语调比较平缓，语气委婉。我们知道，在电视广告中，广告主一般不宜采取发号施令的方式，而劝说、建议句的语气比较委婉，易于被消费者接受，所以这一类型在电视广告中所占比例最大。广告主使用建议句的作用是建议、劝告消费者做某事。这一类共有 1 379 句，占祈使句总数的 35.3%。例如：

［4－65］精彩跨年，快乐升级，九天九夜唱不停，同城齐 high 音乐梦，浙江卫视邀您共创 2008 第一个世界新纪录，全杭州一起唱最长卡拉 OK 马拉松，12 月 23 日杭州湖滨国际名品街，震撼开唱，一起唱吧。（浙江卫视，2007 年 11 月 25 日）

［4－66］新房越来越宽敞，新车越来越舒适，新人越看越喜欢。新包装大宝 SOD 蜜，好产品新包装，这大宝没变。新包装大宝 SOD 蜜，好头发三分靠洗，七分靠养。大宝人参护发素含有人生精华和角蛋白亲和脂，用上它再也不怕染烫干枯了，你也试试吧。大宝人参护发素。（BTV－2，2007 年 10 月 30 日）

表示劝说、建议类的祈使句在电视广告中所占数量比较大。

（4）表示其他的。祈使句的一般式除了以上几种之外，还有其他的一些类型。但是这一类总体来看，所占比例非常小。比如表示提醒的祈使句。在这种类型的祈使句中，说话人常提示听话人要防备什么事发生。例如：

［4－67］甲　开车要小心哦。

乙　有徐其修凉茶糖一定行！

甲　这么晚了还在备课？

丙　有徐其修凉茶糖一定行！徐其修凉茶糖，提神醒脑，

清咽润喉,百年品牌五代结晶。徐其修凉茶糖。(广东南方电视台经济频道,2007 年 9 月 20 日)

[4-68] 听无声,看无形,小心感冒病毒暗算。丽珠抗病毒颗粒,坚决打击感冒病毒,早喝早好,不怕感冒病毒暗算,丽珠抗病毒颗粒。(BTV-2,2007 年 10 月 27 日)

[4-69] 甲　空山新雨后,天气晚来秋。

乙　老爸,天冷了,当心感冒。

甲　放心吧,你妈带着三精牌双黄连口服液。

丙　感冒,发烧,流鼻涕,都不怕。

乙　常备三精牌双黄连口服液,爱就在身边。(广东卫视,2007 年 10 月 23 日)

2. 一般式祈使句的句末语气词

黄伯荣认为,祈使句都用降调,但在语气词的运用上不同类型的祈使句略有不同。表命令和劝阻的祈使句一般带有强调性,口气强硬、坚决。这种句子结构简单,语调急降而且很短促,不大用语气词。而表请求、劝说、敦促、商量、建议的祈使句虽也用降调,但往往比较平缓,常用语气词“吧”“啊”。[①] 电视广告中的一般式祈使句主要是表请求、催促、劝说、建议的。电视广告中,广告主与消费者之间是平等的关系,广告主要表达的指令行为不具有不可违抗性,只有使用不亢不卑的语气才能收到最佳的传播效果。句末语气词是影响祈使句中祈使语气的重要因素之一。电视广告中一般式祈使句的句末语气词主要有“吧”和“啊”两个。

---

① 黄伯荣:《陈述句、疑问句、祈使句、感叹句》,上海教育出版社 1984 年版,第 35~41 页。

语气词“吧”和“啊”在祈使语气意义上有差异。“用语气词‘吧’带有商量的口气，用语气词‘啊’略带敦促的意味。”①“‘吧’的基本语气义是表委婉语气，用在祈使句中时，表达委婉的态度，带有商量、建议等义；‘啊’的语气内核是舒缓随便，用在祈使句中时，表达舒缓随便的语气，常带有催促、劝说的语义。”②由此可见，“吧”与“啊”在基本语气功能上有相通之处，它们都有舒缓语气的作用，但它们在祈使句中却有功能差异。相比而言，“啊”表达说话人的主观性要更强些，“吧”比较委婉，说话人的主观性要弱一些。

一般式祈使句的句末语气词“吧”和“啊”也可以看作一种话语标记语，“它们通过对话语命题的假设强度进行修整来达到交际效果的目的。其中，‘吧’的基本功能是降低话语的真值强度；而‘啊’的基本功能是增强话语的真值强度，表达说话人对所说话语更强的语气”③。

电视广告中，一般式祈使句语气词使用较多的是“吧”和“啊”。用“啊”时，要求的语气强度高于用“吧”时。在电视广告一般式祈使句中，句末带有语气词“吧”的共有 470 个，占祈使句总数的 12.6%；句末带有语气词“啊”的祈使句共有 89 个，占祈使句总数的 2.4%。这种带有句末语气词结构的祈使句共 559 个，占祈使句总数的 14.9%。例如：

[4－70] 甲　煎鱼、酱爆、红烧，锅碗总是油腻腻的，老是刷不干净。

乙　怎么洗这么久啊？

---

① 黄伯荣、廖序东：《现代汉语》（增订三版），高等教育出版社 2002 年版，第 116 页。

② 徐晶凝：《现代汉语话语情态研究》，昆仑出版社 2008 年版，第 126 页。

③ 陈开举：《英汉会话中末尾标记语的语用功能分析》，《现代外语》2002 年第 3 期。

甲　顽强污垢怎么刷呀？

乙　就交给思高百洁布吧。3M全球创新科技，特殊除污粒子能将油渍顽垢轻松铲起，强力去污又耐用。不管油污多难洗多难刷，思高一出手，顽强污垢通通走。轻松去油污，思高百洁布3M。（上海东方电视台新闻娱乐频道，2007年9月15日）

[4-71] 佳节将临，《生活时尚频道》携手钻石小鸟特别推出新年欢乐钻石团购会，精选年度流行钻石与精品裸钻。第二波优惠即日起至12月30日，抓紧机会，为爱你和你爱的人送上一份节日的惊喜吧。（上海电视台生活时尚频道，2007年12月29日）

[4-72] 我做音乐，也做爸爸。每样我都想做到最专业的。我的孩子都是喝惠氏长大的，给他们营养当然要品质可靠。我信赖惠氏的专业。更多营养咨询，请拨惠氏专家热线吧。（浙江卫视，2007年11月27日）

[4-73] 甲　一感冒啊，我准咳嗽。

乙　咳嗽啊，找神奇啊。神奇牌枇杷止咳颗粒、胶囊和强力枇杷露，新装登场，十种守护全面止咳，神奇止咳给您更多选择。（陕西卫视，2007年10月18日）

[4-70]至[4-73]例子中，前三个例子句末语气词用“吧”，最后一个用“啊”，前三个的祈使语气明显要弱于最后一个。从上面的例子我们可以看出，电视广告的祈使句中，广告主首先对是否应执行某种行为进行推测，然后又将自己的推测交由消费者确认，广告主所表达的意思是：虽然祈使是广告主发出的，但是执行与否却听凭消费者决

定。因此,用“吧”的祈使句能够给消费者足够的面子,语气委婉。从以上例子我们还发现,电视广告的一般式祈使句较多地使用语气词“吧”来降低话语强度,以便收到更好的广告传播效果。

二、否定祈使句

电视广告中,否定祈使句所占比例不大,一般含有否定标记“别”“不要”“不准”等副词。在语料中,否定祈使句共有168句,占祈使句总数的4.3%。

电视广告语料中的有标记的否定祈使句有两种结构:一种是“别+V+其他”,另一种是“不要/不准+VP+其他”。

我们先来看“别+V+其他”一类的否定祈使句。例如:

[4-74] 试过很多听说不错的补水方法,但是水分流失太迅速,而兰芝水酷凝肌精华露却不同,涂抹瞬间就会水润肌肤,深层补水系统持续循环水分,保持9小时的长效滋润。别再让水分跑掉哦。Water Bank,兰芝。(上海东方电视音乐频道,2007年11月23日)

[4-75] 脚让进攻有力。别让脚气影响发挥。达克宁深入治疗真菌引起的痒、脱皮、水泡,治脚气强效有力。杀菌治脚气,请用达克宁。(东方卫视,2007年11月15日)

上述例句中的“别”都表示说话人主观上不愿意对方做某事,其预设的是听话人准备或在有意识地做某事,或将要无意中发出某个动作行为。说话人用“别”正是为了劝阻这个有意识的行为,或提醒听话人避免这个无意识中可能发出的行为。

我们再来看“不要/不准+VP+其他”一类的否定祈使句。例如:

[4－76] 甲　地税局吗？我收到一封非法代开发票的邮件。

乙　北京市地方税务局提示：违法代开假发票和不按规定取得发票均为违法行为，请不要听信不法人员散布的代开发票信息。北京市地方税务局。（BTV－7，2007年11月22日）

[4－77] 请不要疲劳开车。一路平安口腔喷剂。（CCTV－2，2007年12月9日）

[4－78] 姐妹们经常问我，得了妇科病怎么办？不要自己偷偷治疗，否则治疗不彻底就更麻烦。广州现代医院，我的好多朋友去过都说好，医生很专业，设备很先进。疗效好，那才是真的好。现代医院妇科，全国百姓放心妇科，所以啊，看妇科要选择广州现代医院：020－22221111。（广东南方电视台都市频道，2007年11月7日）

[4－79] 有一种力量可以让你充满创意，可以让你成就梦想，可以让你更有魅力，这种力量就是开心。我们要大家明白，开心的力量超乎想象，所以希望大家都要开心。冰纯嘉士伯，不准不开心。（BTV－5，2007年12月14日）

上述例句都是由否定词“不”和助动词“要”或“准”等构成的“不要”“不准”，用来构成否定式祈使句。“不要”表示阻止或劝诫，可以用“别”替换。语料中，绝大多数都是由否定词“不要”构成的否定祈使句，“不准”构成的非常少见。

三、电视广告祈使句的特点

电视广告祈使句的特点主要有以下两个：

第一,电视广告的一般式祈使句使用频率最高,占祈使句总数的86.4%,否定式和强调式祈使句使用频率都很低,仅占祈使句总数的9.3%和4.3%。电视广告的祈使句类型变化较少,三种类型所占比例相差悬殊。在电视广告中,广告主一般很少使用命令性的语气强求消费者购买该产品或接受该服务,也很少使用禁止性的语气强制消费者拒绝其他产品或接受其他服务。所以,在电视广告语言中,表请求、催促、劝说、建议类的一般式祈使句使用得最多,这样既利用了祈使句的鼓动性,鼓励消费者去购买某种产品或接受某种服务,又使表达的语气委婉而得体,从而使消费者乐于接受。

第二,电视广告的一般式祈使句句末都带有语气词"吧"和"啊",其中以"吧"结尾的祈使句占绝大多数,占祈使句总数的12.6%。一般式中带句末语气词"吧"的祈使句,语调比较缓和,表达一种委婉的劝说、诱导,表达效果较好。一般式祈使句中,以"啊"结尾的祈使句仅占祈使句总数的2.4%,在电视广告的祈使句中使用较少。

第六节　电视广告的疑问句

这一节研究电视广告疑问句的类型(包括对疑问句答句系统的考察)、各种类型所占比例及其作用。

从结构形式的角度来看,疑问句分成特指问、是非问、正反问和选择问四类。

从表达功能的角度来看,疑问句可分为真性问和假性问两类。从功能的角度研究汉语疑问句,吕叔湘在《中国文法要略》中已作过十分有益的尝试。之后,一些学者如陈妹金、邵敬敏、张志平、傅惠均等对此作了进一步的探讨。真性问和假性问的分类依据来源于韩礼德的功能语法理论。韩礼德认为,言语角色从根本上说可以分为对立的“需求”和“给予”;与此相似,人们说话所交换的内容也有“物品”“服务”与“信息”之别。这样把言语角色和交换内容组合起来就会有四种不同的言语功能,即提议、命令、陈述和提问。

邵敬敏认为韩礼德的分析很有启发性,但他同时又认为现代汉语的疑问句不能简单地对号入座。他主张把现代汉语的疑问句分为实用和虚用两类。邵敬敏进一步对疑问句“实用”“虚用”的分类作了说明:实用即真性问,传达疑惑信息并进行询问,要求对方回答某种信息,这些是疑问句的常规用法;虚用即假性问,形式上仍然是疑问句,但实际上说话人已有明确的看法,只不过是利用疑问句的形式,在曲折地表达自己看法的同时,显示某种特殊的感情色彩,实现某种特定的语用价值。

按照以上分类方式,我们对电视广告的疑问句进行了统计,得到各种疑问句类型的所占比例,结果如表 4 – 7:

表 4 – 7　电视广告疑问句的类型分布

<table>
<tr><th colspan="3">疑问句类型</th><th colspan="2">句子数量</th><th colspan="3">所占百分比</th></tr>
<tr><td rowspan="7">真性问</td><td rowspan="4">特指问</td><td>提问人或商品</td><td>105</td><td rowspan="4">274</td><td>2.8%</td><td rowspan="4">7.3%</td><td rowspan="7">20.6%</td></tr>
<tr><td>提问事物</td><td>75</td><td>2.0%</td></tr>
<tr><td>提问情状行为方式</td><td>49</td><td>1.3%</td></tr>
<tr><td>提问原因</td><td>45</td><td>1.2%</td></tr>
<tr><td colspan="2">是非问</td><td colspan="2">397</td><td colspan="2">10.6%</td></tr>
<tr><td colspan="2">正反问</td><td colspan="2">56</td><td colspan="2">1.5%</td></tr>
<tr><td colspan="2">选择问</td><td colspan="2">45</td><td colspan="2">1.2%</td></tr>
</table>

续表

<table>
<tr><th colspan="3">疑问句类型</th><th colspan="2">句子数量</th><th colspan="3">所占百分比</th></tr>
<tr><td rowspan="6">假性问</td><td rowspan="4">设问</td><td>特指问形式</td><td>1280</td><td rowspan="4">2574</td><td>34.2%</td><td rowspan="4">68.8%</td><td rowspan="6">79.4%</td></tr>
<tr><td>是非问形式</td><td>922</td><td>24.6%</td></tr>
<tr><td>正反问形式</td><td>194</td><td>5.2%</td></tr>
<tr><td>选择问形式</td><td>176</td><td>4.6%</td></tr>
<tr><td rowspan="2">反问</td><td>是非问形式</td><td>232</td><td rowspan="2">395</td><td>6.2%</td><td rowspan="2">10.6%</td></tr>
<tr><td>特指问形式</td><td>163</td><td>4.4%</td></tr>
</table>

从表 4 – 7 中我们看出，电视广告语料中，共有疑问句 3 741 个。其中，假性问（问的目的是想给予对方信息）共 2 969 句，占疑问句总数的 79.4%；真性问（确实想向对方求取信息）共 772 句，占疑问句总数的 20.6%。假性问一般都出现在独白中，真性问一般都出现在对白中。

一、真性问

电视广告语料中，特指问和是非问为真性问问句的主体，正反问和选择问所占比例很小。语料中共有 274 个特指问句，占总数的 7.3%；是非问句有 397 个，占疑问句总数的 10.6%，正反问和选择问共 101 个，占 2.7%。

（一）电视广告真性问句的类型

1. 特指句

电视广告语料中的疑问代词有：谁、什么、哪、哪里、怎么、为什么等。语料中的特指问句按照其提问内容，可以分为四种情况。下面我们分别举例说明。

(1)提问人或广告产品名称、商标、生产厂家等。这一类在特指问中所占的比例最大。例如：

[4－80] 甲　谁在引领河北经济的发展？谁在推动经济建设的脚步？谁是照亮公益事业的企业精英？谁是自主创新诚信经营的商界领袖？

乙　河北电视台“河北经济年度人物”首度开屏，敬请关注。(河北卫视，2007年12月20日)

[4－81] 甲　今冬棉鞋谁家好？

乙　棉鞋要说好，还是上海谊嘉宝，请认准上海为正宗。(黑龙江卫视，2007年11月22日)

[4－82] 甲　来，吃火锅了！我们带了桂冠贡丸。桂冠贡丸精选上等猪后腿肉，不掺粉，弹性十足。女儿啊，你喜欢哪个？

乙　桂冠贡丸，好丸真好丸，桂冠就是好吃。(湖南卫视，2007年7月18日)

[4－83] 甲　中原之行哪里去？

乙　《大河秀典》看秀去！中原第一秀《大河秀典》，神奇故事，梦幻演出，尊贵体验，是您品味中原文化娱乐品质生活的最佳选择。款待贵宾当然要看《大河秀典》，您不能错过的河南之夜。(河南卫视，2007年10月27日)

[4－84] 甲1　小麦什么品种产量高？

乙1　济麦22。

甲2　什么品种抗倒伏？

乙2 济麦22。

甲3 什么品种抗病性强?

乙3 济麦22。

甲4 今年小麦种什么?

乙4 请认准国审品种,鲁研牌济麦22。(山东卫视,2007年9月8日)

上述五个例子中的疑问语气成分的体现词语是疑问代词“谁”“谁家”“哪个”“哪里”和“什么”。[4-80]例子中“谁”用来询问“人”;[4-81]至[4-84]例子中的“谁家”“哪个”“哪里”和“什么”用来询问商品生产厂家或商品名称。

(2)提问事物的。例如:

[4-85] 甲 这么脏!你都玩什么啦?

乙 汰渍联手舒肤佳有效去除看得见的污渍和看不见的细菌。里外去渍又除菌,含舒肤佳的汰渍洁净除菌,兰诺汰渍之选。(广东电视台珠江频道,2007年11月1日)

[4-86] 甲 叔,当了致富能手,啥窍门啊?

乙 全靠新鸽摩托车,好用又实在,新鸽三轮,国家免检。(CCTV-7,2007年9月8日)

[4-87] 甲 宝宝是男子汉,不要怕黑。

乙 妈妈怕什么呢?

甲 妈妈怕老啊。美加净修护保湿霜针对多种肌肤岁月问题,补足水分,有效减小细纹。

乙 妈妈永远不会老。

甲　美加净修护保湿霜，真情真美美加净。（CCTV－8，2007年10月8日）

上述例句中的代词“什么”“啥”表示询问。以上几例中，“什么”“啥”在句中分别作主语和宾语。上述例句中的疑问代词“什么”和“啥”有两个基本作用，一表示指代对象，二表示疑问语气。在特指疑问句中，这两种作用同时发生效能，既指代未知信息又负载疑问信息。这表明“什么”和“啥”的疑问用法对特指疑问句的语境具有适应性，在这种语境下，“什么”同时具有疑问功能和指代功能。

（3）提问情状和行为方式的。例如：

[4－88] 甲　怎么样才能变得更白呢？

乙　想白，要多吃柠檬啦，要顿顿喝新鲜牛奶，做美白面膜啊！天天都要做。

甲　你这么白，有什么秘诀啊？

乙　美白我用水，蕴含LZ肌肤明亮水与植物美白精华的黎姿水美白亮颜洁面乳，从洁面开始带来由水而生的洁面白皙。简单的水晶莹的白，法国黎姿。（湖南电视台新闻综合频道，2007年9月13日）

[4－89] 甲　男人的健康出现问题怎么办？

乙　找广济。

甲　女人的健康出现问题怎么办？

乙　找广济。广州广济十年品牌值得信赖，电话：020－61138888。（广东南方电视台经济频道，2007年10月1日）

[4－90] 甲　孩子感冒、发烧、流鼻涕、鼻塞、头痛、咽喉痛，怎

么办？

乙　快用好娃娃牌小儿氨酚烷胺颗粒，好娃娃生病好娃娃帮，好娃娃让好娃娃更健康，太阳石药业。（CCTV－8，2007年10月11日）

［4－91］甲　哎呀，老同学，怎么发成这样呢？

乙　28创业！找项目上28.com，加盟找项目还上28.com。28商机网，28，28，咔咔就是发。（天津卫视，2007年11月6日）

上述几例中提问情状和方式的主要实现手段有表疑问的形容词或副词"怎么样、怎么"等。

（4）提问原因的。例如：

［4－92］甲　为什么海飞丝值得信任？

乙　信任不是说出来的，是时间和事实的积累。信任海飞丝是因为从开始使用到现在从没让人失望，再也看不到头屑。值得信任的，当然海飞丝。（广东电视台珠江频道，2007年11月2日）

［4－93］甲　爷爷，你为什么要黄金搭档啊？

乙　爷爷老了，需要多种营养。

甲　爷爷一点也不老。黄金搭档里的维E和硒搭档，精神好，不显老。黄金搭档还有维C和铁搭档，提高抵抗力。维D和钙搭档，腰板灵活，腿脚有劲。有了黄金搭档，爷爷可以天天陪我玩。

乙　黄金搭档，腰好腿好，精神好。（内蒙古卫视，2007年8月24日）

[4 -94] 甲　请问为什么叫铁盘比萨呢?
乙　这可是我们的成名作,用铁盘烘烤,才能香中带脆。
甲　芝士比萨呢?
乙　就是饼中卷入美味芝士。
甲　太棒了!
乙　其实我们还有一种纯珍比萨,低温发酵,手工拍打,更接近传统面团做法,松软又有嚼劲。
甲　那,你请客?
乙　没问题啊。全新纯珍比萨现已加入黄金阵容。(上海电视台电视剧频道,2007 年 9 月 18 日)

以上例句中的"为什么"都是针对广告内容所提的问题,询问原因。

2. 是非句

电视广告语料的是非疑问句共 397 个,占疑问句总数的 10.6%。例如:

[4 -95] 甲　怡宁,煮汤圆你行吗?
乙　放心,我是冠军。龙凤汤圆精选优质糯米和醇香黑芝麻,用心做出好汤圆。汤圆来咯。
甲　怎么样? 行吗?
乙　煮汤圆,你也是冠军,因为我有龙凤汤圆。乒乓看中国,汤圆在龙凤。(上海电视台新闻综合频道,2007 年 12 月 22 日)

[4 -96] 甲　我这个药已经过期了。阿姨,这个能换吗?
乙　给你这个,过期药真的可以换了。抗病毒治感冒,白

云山牌板蓝根颗粒，白云山和黄中药，永不过期的关爱。（广东电视台珠江频道，2007 年 12 月 1 日）

［4－97］甲　孩子消化不良，不爱吃饭吗？

乙　给孩子吃宝宝乐咀嚼片啊！中药制剂，开胃消食，酸酸甜甜，宝宝爱吃，宝宝乐咀嚼片，咀嚼式的儿童开胃消食片，江波制药。（山东卫视，2007 年 10 月 23 日）

［4－98］甲　每天我全家人都用香皂洗手，有别的好办法吗？

乙　我选择滴露洗手液，它方便又卫生，一按、一洗、一冲，就能去除百分之九十九的细菌，全面洁净新体验。新装滴露洗手液，安心百分百。（上海电视台电视剧频道，2007 年 12 月 3 日）

［4－99］甲 1　你们的发财致富之道都找着了吗？

乙 1　臣找到了。3158. cn 招商加盟致富信息网，里面有数百个加盟好品牌和连锁项目，特别适合广大创业者。

甲 2　是 3158 招商加盟致富信息网吗？

乙 2　是，这不，结啦！拿电脑来，登录 3158. cn，加盟好品牌，选择好项目，成功当老板。（宁夏卫视，2007 年 9 月 6 日）

上述例句中的是非问句句尾带的语气词都是“吗”。电视广告中的是非问通常情况下都由疑问句带上疑问语气词“吗”构成，表示询问。

3. 正反问和选择问

这两类真性问句在语料中所占比例都比较小。语料中，正反问和选择问共101个，占疑问句总数的2.7%。

我们先来看正反问句。语料中，真性问中的正反问共56个，占疑问句总数的1.5%。电视广告中正反问句可以用“有没有”或“是不是”来进行询问。“有没有”的位置一般是在句子的谓语之前。这种格式用来询问动作或状态有没有发生。“有没有”的这种用法在使用范围上没有“是不是”那样广泛，句中位置也没有“是不是”那样灵活。例如：

[4-100] 甲　有没有一种方法能一次聚集六大媒体平台？有没有一种解决方案让优势资源更充分地整合？

乙　投资不仅是投入，更是财富增长、品牌增值。“第一财经”也在寻找答案，欲深入了解“第一财经”2008整合营销方案，请致电：62532391，62173437。（上海东方电视台新闻娱乐频道，2007年11月22日）

[4-101] 甲　儿子，是不是感觉喉咙老有东西？咳不出来又咽不下去？

乙　是啊！

丙　治疗慢性咽炎，选择慢严舒柠牌清喉利咽颗粒，桂龙药业。（安徽卫视，2007年10月7日）

上述两个例句都是正反问。第一个例子使用“有没有”的格式，第二个例子使用“是不是”的格式。

我们再来看选择问。电视广告中很少使用选择问。语料中选择问共45个,占疑问句总数的1.2%。例如:

[4－102] 甲　哇,好香啊!是龟甲万KIKKOMAN,我喜欢。

乙　是KIKKOMAN还是龟甲万?

甲　就是龟甲万了。其实啊,它们都是好吃的意思,美味的世界语言,龟甲万酱油。(上海电视台生活时尚频道,2007年10月1日)

(二)电视广告真性问句的问答类型

朱晓亚认为,问答可以看作一个相互关联、相互制约的网络系统,这一系统本身又由若干个更小的系统构成。问句以求取未知信息为主,答句以提供给对方新信息为主,问答的基本功能是传递信息。问答系统的研究包括两个方面:结构形式上的表现和语义上的类型,也就是问句的形式特点、答句的形式特点以及两者的匹配关系;答话人对问句的种种不同态度,以及对问句的理解、可答程度。① 本节研究的范围仅限于电视广告问答系统的结构形式。

根据话轮的多少,我们把电视广告问答系统的结构形式分为两种:一种是仅有一个话轮的类型;另一种是有一个以上话轮的类型。下面我们分别讨论。

1. 仅有一个话轮的类型

我们先来看电视广告语料中以一个话轮为单位的各种问答配应

① 朱晓亚:《现代汉语句模研究》,北京大学出版社2001年版,第174～175页。

情况。电视广告的这种“问答集”①的基本形式总体比较简单。基本形式主要有一问一答式、一问多答式和多问一答式,这三种类型在电视广告问答系统中所占比例较大;多问多答式比较复杂,在语料中所占比例较小。

(1)一问一答式(甲 W—乙 D)。例如:

[4-103] 甲 这么好吃的蓝罐曲奇是哪里做的啊?

乙 丹麦啦。(上海东方电视台新闻娱乐频道,2007年9月22日)

(2)一问多答式[甲 W—乙(D1,D2……Dn)]。例如:

[4-104] 甲 孩子感冒、发烧、流鼻涕、鼻塞、头痛、咽喉痛,怎么办?

乙 快用好娃娃牌小儿氨酚烷胺颗粒。好娃娃生病好娃娃帮,好娃娃让好娃娃更健康,太阳石药业。(CCTV-8,2007年10月11日)

[4-105] 甲 大赢家财富网的日点击量已经超过了3000万。为什么大家都爱上大赢家财富网?

乙 因为《赢家宽频》啊。《赢家宽频》是大赢家网络为广大股民精心打造的证券直播节目。只要您登录www.788111.com,我们一起同行。请登录www.788111.com,与搜狐、新浪、腾讯强强合作。炒股就上大赢家财富网。(广东卫视,2007年10

① “问答集”是指表述同一话题的一个或若干个“问答对”的集合,是由“问答对”构成的上位概念。如果说“问答对”相当于简单词组,那么“问答集”则相当于复杂词组。详见朱晓亚:《现代汉语句模研究》,北京大学出版社2001年版,第177~178页。

月 28 日)

例[4－104]中的乙不仅回答了“怎么办”,还回答了与之紧密相关的内容,即“好娃娃牌小儿氨酚烷胺颗粒”的制造商“太阳石药业”。例[4－105]中,乙不仅回答了“大家都爱上大赢家财富网”的原因是因为《赢家宽频》的缘故,还回答了一些与《赢家宽频》直播节目相关的信息。

(3)多问一答式[甲(W1,W2……Wn)—乙 D]。例如:

[4－106] 甲　喂,116114 吗,哪儿能买到上乘的鱼子酱?喂,116114 吗,哪里能买到高档车载音响?喂,116114 吗,从张掖到敦煌的最近路线怎么走?

乙　轻松生活,116114 专家为您导航。(CCTV－1,2007 年 8 月 8 日)

该例中,乙只对甲的一人多问做了一个回答,即“116114 专家为您导航”。

(4)多问多答式。例如:

[4－107] 甲　您想品尝正宗的豫菜吗?您想欣赏传统的豫剧吗?

乙　欢迎您到豫香知大酒店。该店今日隆重揭牌,有经典精品豫菜、中原小吃、特色面点,同时您还可以欣赏到精彩的豫剧即兴表演,百闻不如一见,心动不如行动。豫香知期待您的光临。(东方明珠移动电视,2007 年 12 月 7 日)

这个例子为多问多答式,乙的答句顺序按照甲问句的顺序来回答。先回答了第一个问题，品尝豫菜的地点是“豫香知大酒店”，接着回答了还可以欣赏“豫剧的即兴表演”。

2. 一个以上话轮的类型

前面关于“问答集”的讨论限于一个话轮，后面这一部分讨论一个以上话轮的情况。

问答系统的基本结构模式主要有毗邻式、交叉式、环扣式、嵌入式。毗邻式指由相邻的一个问句和一个答句两部分构成的问答结构。[①] 相比于其他语体，电视广告中疑问句的问答集的形式比较简单，主要表现为毗邻式。其他形式，如环扣式、嵌入式和交叉式，所占比例很小。

我们来看毗邻式。电视广告中的问答句毗邻式有两种：一种是简单毗邻式，另一种是毗邻递进式。简单毗邻式（甲 W—乙 D）是最简单的一种模式，这一类在语料中所占比例不大。例如：

［4－108］ 甲 1　谁能带我奥运之年玩转中国，发现中华美味？

乙 1　12580。

甲 2　谁能帮我预订航班飞抵度假胜地？

乙 2　12580。

甲 3　谁能帮我挑选紧邻赛场的酒店套房，分享奥运精彩？

乙 3　当然是 12580，奥运咨询包打听。12580，一按我

① 交叉式包括单项交叉式和双向交叉式，多人问一人回答形成单向交叉式，多人问多人答形成双向交叉式。环扣式指答话人的话轮中既包括问句又包括答句，使问和答一环一环紧密连接起来的问答句。嵌入式指在一人问答中插入其他的问答对。朱晓亚：《现代汉语句模研究》，北京大学出版社 2001 年版，第 178～189 页。

帮您。（上海电视台电视剧频道，2007 年 12 月 30 日）

上例是由甲 1—乙 1，甲 2—乙 2，甲 3—乙 3 等相邻的一个问句和一个答句两部分组成的问答结构。

毗邻式模式中，毗邻递进式所占比例最大。例如：

[4 -109] 甲 1　猜猜我的心被谁占了？

乙 1　番茄、芝麻、辣椒、芥末。

甲 2　啊，你怎么知道的？

乙 2　全世界都知道了。麦当劳全新麦乐鸡风味蘸蘸酱、意式番茄酱、中式醇香芝麻酱、奇妙泰椒酱、日式芥末酱，只要 6 元。更多超值美味都只要 6 元。心动超值选，真的很值，24 小时蘸、蘸、蘸、蘸，蘸不停。（上海电视台纪实频道，2007 年 5 月 27 日）

[4 -110] 甲 1　我这高档小区居然看不到高清电视。为什么在你这儿很清晰，可到了我们家和普通没啥两样啊？

乙 1　你买的是高清电视机而不是高清电视。

甲 2　这有什么区别？

乙 2　真正的高清电视啊，就是由高清机顶盒负责接收和转换由高清电视频道提供的节目，然后转换成信号再输入到你的高清电视机。

甲 3　那是不是说，没有高清机顶盒，我家里的高清电视机就等于是客厅里的一个摆设？

乙3　你啊，说对了一半。这不但要有高清机顶盒，还要有高清频道才行。上海已经开通了三个高清频道。

甲4　那我怎么才能安装高清机顶盒呢？

乙4　打96877，看高清电视找东方有线。（上海东方电视台新闻娱乐频道，2007年10月16日）

上例中，毗邻单体式结构依次排列，组成一个有序的问答链，形成了毗邻递进式，其模式为（甲 Wl—乙 D1）—（甲 W2—乙 D2）—（甲 W3—乙 D3）—（甲 W4—乙 D4）。

二、假性问

假性问句包括设问句和反问句两种。电视广告中，设问句是所有疑问句中所占数量最多的一种，共2 969句，占疑问句总数的79.4%。其中，设问句共有2 574句，占疑问句总数的68.8%；反问句共395句，占疑问句总数的10.6%。

（一）设问句

设问句，又叫“自问自答句”。说话人之所以采用设问句表达自己明确的见解，为的是引起注意，启发思考，加深印象，制造情趣。[①] 下面我们从类型和功能两个方面来分析电视广告的设问句。

1. 设问句的类型

电视广告中的设问句主要有：特指问句形式、是非问形式、正反问

① 邵敬敏：《现代汉语疑问句研究》，华东师范大学出版社1996年版，第153页。

形式、选择问形式四种。下面我们依次分析。

(1)特指问句形式的设问句。电视广告中,特指问句形式的设问句共 1 280 个,占 34.2%,是数量最多的一种设问句类型。例如:

[4－111] 荣耀与灾难的双重洗礼注定了 2007 年的不平凡。是谁在这一年为了学习一直全力以赴?是谁在这一年为了学习者同样全力以赴?是谁在求知创新的路上展现人生的绚烂?是谁在求知创新的路上播撒灯塔的温暖?由上海教育电视台和上海教育报刊总社主办,《解放日报》《文汇报》《新民晚报》等各大媒体共同推介的"2008 上海教育年度新闻人物"将于 2008 年 1 月 8 号隆重揭晓。教育因他们而精彩。(上海教育电视台,2007 年 12 月 31 日)

[4－112] 怎样让世界充满光明又不破坏环境?怎样以大众化的价格生产出个性化的产品?怎样才能防病于未然?当今世界面临种种挑战,西门子总有答案,西门子。(CCTV－6,2007 年 9 月 17 日)

[4－113] 什么纸尿裤像布一样薄?是帮宝适仿布干爽,轻而薄仿布。每晚一片让宝宝整晚干爽,帮宝适仿布干爽每片七毛起。(辽宁电视台新闻综合频道,2007 年 10 月 9 日)

[4－114] 世界经济中心向东转移,华人企业成为重要支撑。如何成为世界级企业?如何传承与创新?11 月 24 日、25 日,《东方企业家》第五届全球华人企业领袖峰会云集天下精英为我们探寻答案。东方企业家寻求商业变革的力量,现代传播远见中国。(上海电视台第一财经频

道,2007 年 11 月 21 日)

[4－115] 为什么海飞丝值得信任?信任不是说出来的,是时间和事实的积累。信任海飞丝是因为从开始使用到现在,从没让人失望,再也看不到头屑。值得信任的,当然海飞丝。(广东电视台珠江频道,2007 年 11 月 2 日)

[4－116] 哪个地方有如此大的营业空间?哪个地方有这么多琳琅满目的商品?哪个地方能提供如此多的价格选择?哪个地方有如此丰富的商场购物体验?要购物,先淘宝。淘宝,我喜欢。(湖南卫视,2007 年 10 月 1 日)

以上六个例句都是特指问的设问句,用到了指代词“谁”“怎样”“什么”“如何”“为什么”“哪个”。电视广告语料中,这一类设问句所占的比例最大。特指问的答句主要是针对问句中的疑问焦点做出回答。

(2)是非问句形式的设问句。设问句中,是非问句形式的设问句数量少于特指问。语料中,是非问形式的设问句共 922 句,占设问句总数的 24.6%,这一类所占比例排在第二位。例如:

[4－117] 每天,你了解自己的健康指数吗?欧姆龙帮你监测健康指数,为健康导航,要随时留意哦,OMRON。(上海教育电视台,2007 年 9 月 15 日)

[4－118] 想要更小的 DV 吗?想要拍摄时间更长的 DV 吗?想要大容量存储的 DV 吗?小巧轻盈,大容量佳能双模存储 DV 诞生。今年的感动,用佳能拍摄吧。佳能,感动常在。(上海电视台纪实频道,2007 年 9 月 16 日)

[4－119] 金鼠迎新春,笑星迎财神。想在新春假期里享受 120

分钟的欢乐超过110次的笑声吗？上海滑稽剧团2008海派滑稽大会串将于2008年1月29日和30日空降美琪大戏院，为您的新春带来一整年的欢乐。还在等什么？赶快拨打订票热线：62172426，63390128，订购你110次的笑声吧！（上海东方电视台戏剧频道，2007年12月30日）

[4-120] 你有家人不能回来过年吗？你不能回家和亲人团聚吗？你想在春晚直播现场送出祝福吗？2008小年夜湖南卫视春晚挑战麦克风特别环节，给你机会唱出你的思念，说出你的心声，让远方的亲人听到、看到、感受到。报名热线：0731-4801220或登录金鹰网站《快乐回家》《我们在路上》，道道全湖南卫视2008年春节联欢晚会和你在一起。好油怎么选关键看两点，好油当然道道全。（湖南卫视，2007年12月25日）

以上四个例子中的答句都是是非问形式的，答句不是简单地做出是非回答，而是有较详细的解释内容。

(3)正反问和选择问形式的设问句

电视广告语料中，还有正反问、选择问形式的设问句，这两种情况都比较少见。语料中，正反问形式的设问句共194个，占5.2%；选择问形式的设问句共176个，占4.6%。例如：

[4-121] 新一期《每周广播电视报》上市。央视春晚小品是不是靠耍嘴皮夺得欢笑？五十年前上海电视鲜为人知的故事……拥有《每周广播电视报》，每周精彩。（上海电视台电视剧频道，2007年12月29日）

[4－122] 您是不是已经厌倦了每天服用大量营养片剂？您是不是害怕合成药物对身体产生副作用？现在不用担心了。只需每天食用九颗甘甜润口的和田玉枣，就能把所有营养和健康带给您。比普通红枣大三倍的枣，唯一敢跟鸡蛋比大小的枣，纯天然绿色食品，还在犹豫什么呢？赶快拿起电话订购吧！抢购咨询热线：400－6729765。（安徽卫视，2007年12月24日）

[4－123] 是让一种方法一次聚集六大媒体平台，还是用一种解决方案让优势资源进行更充分的整合？投资不仅是投入，更是财富增长、品牌增值。“第一财经”也在寻找答案，欲深入了解“第一财经”2008年整合营销方案，请致电：62532391，62173437。（上海东方电视台新闻娱乐频道，2007年11月22日）

[4－124] 是买进还是卖出？是拿起还是放下？是收购还是拆分？是支持还是反对？真正的自由就是拥有选择的权利。三星ANYCALL GSM双卡双待手机。（广州电视台新闻频道，2007年10月20日）

上述四个例子中，例[4－121]和例[4－122]是正反问类型的设问句，这两个例子都使用了“是不是”的正反问，表明广告主对某一事实或情况已有比较肯定的估计。例[4－123]和例[4－124]是选择问，广告主把要选择的两种可能用“是……还是……”连接起来，在随后的回答中选择其一作为答案。

疑问句的各种结构类型都可以构成设问句，只是使用的频率有所不同。电视广告中设问句的类型按照使用频率排列如下：特指问形式的设问句>是非问形式的设问句>正反问形式的设问句>选择问形式的设问句。

2. 设问句的功能

成功的电视广告必须能有效地勾起受众的购买动机。为实现这一功能,电视广告需要具有一定的吸引力并易于理解与记忆。电视广告中设问句的大量运用,与广告说服策略原则有很大关系。使用设问句是一种吸引受众注意力的策略和手段,目的是引起受众的注意,为答语出现制造一种引导性语境,从而使答语的交际效果更为突出。因此,从语义表达来讲,答语是中心,问句是陪衬。也就是说,设问是利用问句形式导引出后面话语的技巧。由设问句导引出的话语,或者是广告主关于某一和广告产品或服务论题相关的论点看法,或者是广告主对某一广告产品或服务的陈说描述。

(二)反问

各种疑问句都可以加上反问语气构成反问句。反问句的作用是对一个明显的道理或事实用反问的语气来加以肯定或否定,以达到加强语势的目的。"反问句的特点是:以否定形式出现的句子用来加强肯定的表述,以肯定形式出现的句子用来加强否定的表述。"[①]电视广告中的反问句共395个,占疑问句总数的10.6%。下面我们从类型和功能两个方面来分析电视广告的反问句。

1. 电视广告反问句的类型

电视广告中的设问句类型主要有:特指问形式、是非问形式、正反

① 刘月华、潘文娱、故韡:《实用现代汉语语法》(增订本),商务印书馆2001年版,第794页。

问形式、选择问形式四种。电视广告语料中特指问形式的反问句和是非问形式的反问句所占比例比较大。正反问形式和选择问形式的反问句没有发现一例。下面我们分别举例说明。

(1)特指问形式的反问句。电视广告中,特指问形式的反问句共163个,占疑问句总数的4.4%。特指问形式的反问句在反问句中所占数量少于是非问形式的反问句。下面,我们举例分析。例如:

[4-125] 怎么穿都型①,与狼共舞多型风格单西装。Why not?谁说不可以?与狼共舞,怎么穿都型。与狼共舞多型风格单西装。Why not?谁说不可以?与狼共舞。(CCTV-3,2007年9月6日)

[4-126] 想要睫毛惊绽浓密又根根分明?你需要双刷头。全新巴黎欧莱雅惊绽浓密睫毛膏,一、基础刷头打造惊绽浓密,二、高紧密刷头,膏体经过睫毛不黏结。就这么简单,睫毛丰盈浓密,清晰分明,既浓密又分明。谁说不可能?全新巴黎欧莱雅惊绽浓密睫毛膏,惊绽浓密分明更魅惑,你值得拥有。(中国教育电视台一套,2007年9月17日)

[4-127] 谁说踢足球要用脚?谁说打乒乓要拿球拍?谁说保龄球不能这么玩?谁说骨头不美味?肯德基精选鸡酥软骨,再搭配鲜嫩鸡腿肉,烤出又脆又嫩的创意好滋味。肯德基骨肉相连。(上海东方电视台新闻娱乐频道,2007年8月25日)

① 该广告字幕中即为"怎么穿都型",而不是"怎么穿都行"。我们认为"型"在此处是"有型"的意思,是"行"的谐音。

［4－128］乐天梦巧克力的香醇诱惑，谁能抵挡？乐天梦巧克力，梦想的巧克力，乐天巧克力。（上海电视台生活时尚频道，2007 年 11 月 25 日）

［4－129］没有 S 型身材，怎么能算万人迷？所以我推荐好吃又健康的思念 S 米线，好吃好身材，思念 S 米线。（湖南卫视，2007 年 10 月 1 日）

［4－130］做女人，一时的轻松怎么能够？要持久地保护，妇炎洁快速清凉杀菌，持久滋润，呵护女人呵护爱，妇炎洁洗洗更清爽。（广东南方电视台经济频道，2007 年 10 月 1 日）

上述六个例句都属于特指问句的反问用法。例［4－125］、例［4－126］、例［4－127］三个例子中的句首用“谁说”表示否认对方的判断，带有反驳的意味。“谁说”在这里表示一种规劝，即“完全没有必要做某事”，语气跟“干吗”“为什么”接近，但语气比较坚决。例［4－128］中的疑问代词“谁”用在反问句中，指代“任何人”，含有无一例外周遍性的意思。例［4－129］、例［4－130］中的“怎么”作状语询问原因，表示说话人的惊异和对某种观点的驳斥，反诘语气比较强。

（2）是非问形式的反问句。在语料中，是非问形式的反问句共 232 句，占疑问句总数的 6.2%，是反问句中数量最多的一种。电视广告中是非问形式的反问句主要有以下几种：用“不是……吗”格式的，用“难道……”格式的，用副词“还”格式的等几种。

第一，用“不是……吗”格式的反问句。

人的思维走向，一般地说，总是习惯于从肯定方面入手的。因此，如果从否定方面入手提问题，就显得不同于一般的思维走势，更容易显示说话人的真实意图。因此,否定式的疑问句很容易成为反问句。而且,“用‘不是’来提问,目的是提醒对方注意某种显而易见的事实,其格式特点是句尾必须有语气词‘吗’。”①例如:

[4-131] 你不是有奥妙全自动吗?你不是有奥妙全自动吗?你不是有奥妙全自动吗?咱不是有奥妙全自动吗?奥妙全自动,全方位污渍瓦解系统,多种污渍一种解决方式,全新奥妙全自动。(东方电影频道,2007年11月3日)

[4-132] 这不是特仑苏吗?特仑苏牛奶,来自乳都核心区。金牌牛奶特仑苏。(CCTV-2,2007年12月16日)

第二,用“难道……”格式的反问句。例如:

[4-133] 新家谁都恨不得能早一天装修好,早一秒住进去。味道这么重,难道要住帐篷?立邦净味全消,全消之外更增加净味功能,超低VOC没异味,马上住新家。我的灵感我的立邦。借我帐篷好吗?(上海电视台纪实频道,2007年9月15日)

[4-134] 每个人都为了自己而四处奔波,难道这就是我们唯一的前进方向吗?不,让我们为荣耀干杯,为乐于伸出援手、为我们中的勇士,为共同拥有这种行为方式在世俗中脱颖而出而干杯,为我们干杯!芝华士,活出骑士风范。(BTV-6,2007年10月25日)

[4-135] 怎样发挥牙膏功效?难道要一个一个刷?15度交叉刷毛,帮助牙膏渗入缝隙间,发挥功效,佳洁士。(广东电

① 邵敬敏:《现代汉语疑问句研究》,华东师范大学出版社1996年版,第170页。

视台珠江频道,2007 年 11 月 19 日)

[4 -136] 你是否在寻找一处既能离开喧嚣又交通便捷的度假胜地?你是否在向往一种生态自然环境优美,而且宁静的湖海生活?你是否在渴望一种放松心情休闲养生的度假体验?你是否还在寻求一种投入少但却能长期收益的产品?拥有这些难道是梦想吗?其实梦想并不遥不可及,月亮湾独享 15 平方公里的原生态湖泊,拥有比西湖更宽广的胸心,比阳澄湖更清澈的心灵,近水楼台先得月,月亮湾国际度假区,圆梦计划即将启动,售楼热线:62367758,62367768。(东方明珠移动电视,2007 年 9 月 29 日)

以上四个例子用“难道”表示自己的责问不容对方辩驳,表达一种“反驳义”,有一种咄咄逼人的气势。

第三,用副词“还”格式的反问句。例如:

[4 -137] 在这里你能无线上网,在这里你也能无线上网,在这里你还能无线上网吗?中国移动随 E 行真正实现无线上网。只要手机能上网的地方,电脑就能上网。随时随地让互联网随你而行,中国移动通信。(上海电视台纪实频道,2007 年 12 月 9 日)

[4 -138] 还能有什么比在豪华舒适的五星级酒店内度过一个激情放松的周末更享受的事呢?享受超大空间的豪华客房,享受浩瀚无边的太湖景致,享受清新凉爽的室内泳池,享受菜肴精美的自助晚宴,更重要的是享受这难得拥有悠闲的周末噢。想和雅戈风尚成员们一起享受丰

富多彩的自驾游乐趣吗？那就快快加入我们吧。（上海东方电视台，2007 年 9 月 12 日）

[4－139] 现场看奥运开幕式，买立白就有机会到北京看奥运，还有纯金纪念币。奖品总值超过 1000 万。还不赶快行动？立白集团。（广东电视台珠江频道，2007 年 11 月 1 日）

例[4－137]和[4－138]的副词“还”和能愿动词“能”结合在一起，表达一种强烈的反问语气。例[4－139]中的副词“还”和否定词“不”结合在一起，也表达一种强烈的语气，表达一种“催促义”，对方本应该采取某种行动却没有做，用反问句来催促对方赶快采取行动。

2. 电视广告反问句的功能

戴维·克里斯特尔指出：“有些言语行为是直接地向听话者讲的，但日常交谈中的大多数言语行为是间接的。”①电视广告中的反问句是说话人通过实施“询问”这一言语行为，间接地实施“诱导说服”等言语行为。在“诱导说服”功能中，广告主的意思是确定的，是没有疑问的，可是他不直接把自己的这个确定的意思说出来，而是向消费者发问，诱导消费者自己推导出句子的含义。广告主使用反问句的目的是为了引导消费者与自己的观点、主张保持一致，引起消费者感情上的共鸣。

广告商用“反问”的方式去“诱导说服”，是因为在言语交际中，当发话者请求别人做某一件事情的时候，应该尽可能选择让受话者乐意接受的表达形式，从而达到自己的交际意图。所以作为发话者的广告

① 戴维·克里斯特尔著，任明等译：《剑桥语言百科全书》，中国社会科学出版社 1995 年版，第 200 页。

商应该讲礼貌、尊重消费者。选用“反问”的形式来间接实施“诱导说服”的言语行为，给消费者选择接受或拒绝的余地，语气委婉，符合会话原则的礼貌原则，乐于为消费者所接受，也易于收到最佳的交际效果。这是一种言语策略，在电视广告言语交际中使用广泛，具有很高的应用价值。

三、电视广告疑问句的特点

电视广告中疑问句具有以下特点：

第一，假性问所占比例远远大于真性问，真性问句只有假性问句数量的四分之一。电视广告中假性问的设问句所占比例较大，反问句所占比例较小。从交际目的来看，电视广告主要是向消费者提供有关广告产品或服务的信息，说服消费者购买其产品或服务。这就决定了电视广告中疑问句的功能更多地是给予信息，而不是求取信息。电视广告中，真性问一般只出现在对话中，在独白和旁白中不出现。也就是说，在独白和旁白中只能是假性问。

第二，电视广告疑问句中真性问的问答系统比较简单，问句中的绝大多数答句为直接性答句。也就是说，不需经过推导，从表层就可获取相关信息。电视广告问答系统的基本结构模式比较简单，以只有一个话轮的情况为主，其中一问一答式、一问多答式居多，多问多答式的情况比较少见。在一个以上话轮的问答系统中，以毗邻式为主，毗邻式中又以毗邻递进式占多数。

第七节　小　结

本章重点研究了电视广告的感叹句、祈使句和疑问句三种句类。电视广告语体中的句类在使用上形成了自己的特点,在电视广告语体中发挥着特殊的言语功能。这些特征使电视广告语体与其他语体相区别。

我们首先对各种语体的句类以及各产品类型电视广告中的句类使用频率进行了比较,并且分析了差异形成的原因。一般来说,“硬卖”型电视广告中,感叹、祈使、疑问句使用频率比较低;“软卖”型电视广告中,感叹、祈使、疑问句使用频率比较高。通过各种语体句类使用情况的比较,我们发现电视广告语体中三种句类的使用频率都非常高。

在宏观统计的基础上,我们分析了电视广告的三种重要句类:感叹句、祈使句和疑问句的类型及其各种类型所占比例以及句类的类型特点。总的来说,电视广告中有标记的感叹句高于无标记感叹句的使用频率,有标记的感叹句可以表达比无标记感叹句更强烈的感叹语气。电视广告的祈使句中,肯定式占绝对优势,其中的一般式又是最重要的一种类型,所占数量最多。电视广告的疑问句分布以假性问居多,在我们的语料中,假性问是真性问的四倍。电视广告中真性问与假性问的本质区别不在于有无疑问,而在于说话人处于“求取”还是“给予”的言语角色,在于“求取”或“给予”的对象是“信息”还是“物品或服务”。就电视广告的目的来看,它主要是为达到促销的目的,这就决定了电视广告中以“给予物品或服务”的假性问居多。

通过对句类使用情况的研究,我们发现在句类选择上,电视广告和其他语体一样,仍然是把陈述句放在首位的。我们还发现:电视广告语体善于综合运用陈述句、祈使句、感叹句,来实现表达意图。电视广告的首要目的就是吸引受众,引起悬念,刺激消费。因此,电视广告通常使用感叹句以引发受众的情感共鸣;使用祈使句给受众指出解除悬念的途径,从而使受众将祈使句的内容变成他的行动意向;使用疑问句以引起受众的悬念,从而达到促销的目的。

第五章　结　语

本书通过对大量电视广告语料的考察分析,尝试为电视广告语体研究探索一种全新的研究方法,提供一块可靠的研究基石。本书的意义在于提供了两个方面的价值:一是对电视广告语体进行了全面而又系统的考察和详尽而又细致的分析描写,并得出了一系列电视广告语体规律的相关结论;二是尝试采用一种较为科学的研究方法,宏观理论上实行本土理论、国外理论和汉语事实的三结合,具体实践上详尽占有材料,并运用分析、描写、归纳以及统计、比较等方法,全面系统地探索汉语电视广告语体,所得出的结论是真实科学的,经得起事实的检验。

借鉴传统语音学的研究方法和理论,我们对电视广告的语音进行了研究。电视广告以男性声音为主体,女性声音居于附属现象,和广告学中的"性别刻板印象"理论密切相关。电视广告的语速是电视广告语体语音层的重要特征之一。电视广告句子的节奏特点是以两音步(两拍)的节奏模式为主,并且音步数(节拍数)比较整齐对应。电视广告的合辙押韵特点主要表现在洪亮音"言前辙""江阳辙""中东辙"的使用比例较大。

关于电视广告的代词，我们发现，电视广告语体中，运用第一人称代词可以提高广告的可信度，第二人称代词可以拉近广告主与受众的距离。第三人称代词和指示代词的主要功能是语篇层面的，我们得出了以下结论：第三人称代词和指示词的照应类型按出现频率排列是：内指兼外指>外指>内指。其中指代画面中人、事、物的外指性的照应所占比例较大，这是电视广告语体的一个特点；第三人称代词的话题延续性"值"比较小，话题延续性比较强；第三人称代词的代词单位比较小，非常容易理解；指示代词不对称性相比于其他语体更加明显；指示代词直接指示类型明显不同于日常口语和书面语。

句类在使用上形成了自己的特点，在电视广告语体中发挥着特殊的言语功能。感叹句、祈使句、疑问句所占比例都比较大，这是电视广告语体区别于其他语体的重要特征之一。电视广告语体中的感叹句、祈使句、疑问句使用也有自己明显的特点：感叹句以有标记感叹句为主；祈使句以一般式祈使句为主，否定式祈使句几乎不出现；疑问句以假性问为主，真性问所占比例不大。电视广告类型上的特点与电视广告的语体特征密切相关。

本研究的创新在于以下几点：

语体学是语言学内部一门新兴的学科，研究人们在各种社会交际活动中的语言运用规律，是一门具有实用价值的科学。从目前的研究来看，语体学在中国还是一个较新的课题，现代汉语语体学研究还处于初始阶段。无论是"语体"内涵的界定，还是语体的分类，抑或是语体学与修辞学的关系、语体学与语法研究的关系，都还未能取得一致的看法。因此，很有必要对现代汉语语体进行深入的研究。本研究就是对现代汉语语体的一个深入研究。本书主要采用定量和定性相结合的研究方法，是一个基于坚实语料基础之上的系统研究，分别从语音、词语、句类层面对电视广告语体进行研究，得出一些结果，对于电视广告语体研究和现代汉语语体研究都有一定的参考价值。

结合语篇分析理论对电视广告语体的代词进行了研究。从语篇分析的理论出发，我们还对第三人称代词和指示代词的话题延续性、代词单位、不对称性等进行了研究。从语篇人际功能的语旨角度出发，我们分析了第一人称代词和第二人称代词人际功能实现手段。我们发现，电视广告中第一人称代词和第二人称代词的使用与电视广告语篇的人际功能实现密切相关。

对电视广告的声画语言结构进行了初步探索。根据费尔默的直接指示词语两分法，我们把电视广告画面归入手势用法里。因为在电视广告中，画面起到了和手势相同的作用（帮助受众辨识所指示的事物）。另外，我们还对电视广告中指代词与画面的照应关系进行了研究，这些都对电视广告的声画语言结构研究有一定的作用。

揭示了电视广告句类的特点。通过与现代汉语其他语体的比较，我们发现电视广告语体祈使句、感叹句的使用频率是各语体中最高的，疑问句的使用频率仅次于日常谈话语体和文艺语体。根据系统功能语言学理论，电视广告中的广告主是“给予”的言语角色，据此，我们把电视广告的疑问句分为真性问和假性问，这样就能很好地解释电视广告中假性问远远多于真性问的原因。电视广告句类的研究对于现代汉语句子研究有一定的参考价值。

从语言学的角度解释了广告创作中的 AIDMA 理论，拓展了 AIDMA 理论的研究范围。以前广告创作中的 AIDMA 理论主要限于对创意、画面、音乐等方面的探索，很少有从语言学角度对该理论的探讨。根据我们的分析，电视广告的语言创作也是遵循 AIDMA 理论的。这一点突出地表现在电视广告的语音和句类层面上。在语音上的表现就是:音色上要符合“性别刻板印象”理论,选取不同性别声音音色来促进消费者对广告内容的记忆;电视广告的语速要符合大众传播的节奏和广告的短时记忆规律;电视广告语言要做到音节节拍整齐对称,合辙押韵、韵脚和谐,这样读起来不仅朗朗上口,也便于受众记忆。在句类上的表现就是:感叹句、祈使句和疑问句的高频出现,意在引起受众的注意,促使其购买广告产品或服务。

本书的不足和进一步研究的设想如下:

本书主要是从语言学,尤其是语体学的视角,对电视广告有声语言部分进行了较为详细的描写和阐释。研究中借鉴了多学科的成果和研究方法,力求使结论更具有说服力。但是,由于客观原因制约以及本人知识结构的局限,有些问题还没有做进一步分析,因此有待于今后做更深入的研究。

在语音部分,我们主要借鉴的是传统语音学的研究方法,更进一步的研究应该借助实验语音学的方法,用 Pratt 分析软件对语音做频谱分析。这样就会对语音的音长、停顿、语速等有一个准确的把握。许多语音学上的重要问题,如声调、语调等都没有涉及,这些对于电视广告语体来说,同样是十分重要的。我们将在今后的研究中对电视广告语音特征进行更加细致、全面的研究。

电视广告语言的词语与句类特征表现得非常复杂。本书仅研究了代词,其他词类都没有涉及;句子部分的句型、句式等也没有涉及。在以后的研究中,应该把这些方面都涵盖在内。

电视广告的声画语言结构问题。电视广告的声画语言结构问题是电视广告中的一个重要问题。在当今社会,声画结合传播信息的方式越来越成为一种重要的话语方式。对图文配合并传信息的现象开展研究是摆在当代语言学学者面前的一个重要课题,但它同时又是一个涉及不同领域的颇有难度的课题,问津者寥寥无几。本书在这一方面的研究还非常不足,在今后的研究中这一方面还需要加强。

参考文献

陈建民:《汉语口语》,北京出版社 1984 年版。

陈开举:《英汉会话中末尾标记语的语用功能分析》,《现代外语》2002 年第 3 期。

陈妹金:《汉语假性疑问句研究》,《南京师范大学学报》(社会科学版)1992 年第 4 期。

程雨民:《英语语体学》(修订版),上海外语教育出版社 2004 年版。

曹志耘:《广告语言艺术》,湖南师范大学出版社 1992 年版。

曹炜、高军:《广告语言学教程》,暨南大学出版社 2009 年版。

曹秀玲:《汉语"这/那"不对称性的语篇考察》《汉语学习》2000 年第 4 期。

崔丽:《电视纪录片解说词的衔接机制研究》,中国传媒大学博士学位论文,2006 年。

〔美〕大卫・奥格威:《奥格威谈广告》,洪良浩、官如玉译,内蒙古人民出版社 2000 年版。

杜道流:《现代汉语感叹句研究》,安徽大学出版社 2005 年版。

桂诗春编著:《新编心理语言学》,上海外语教育出版社 2000 年版。

方梅:《指示词"这"和"那"在北京话中的语法化》,《中国语文》2002 年第 4 期。

方雯:《现代汉语祈使句的语用研究(上)》,《语文研究》1999 年第 4 期。

侯维瑞:《英语语体》,上海外语教育出版社 1996 年版。

胡明扬:《词类问题考察》,北京语言学院出版社 1996 年版。

胡壮麟、朱永生、张德禄:《系统功能语法概论》,湖南教育出版社 1989 年版。

黄伯荣、廖序东:《现代汉语》(增订三版),高等教育出版社 2002 年版。

黄昌宁、李涓子:《语料库语言学》,商务印书馆 2002 年版。

黄国文:《语篇分析概要》,湖南教育出版社 1988 年版。

黄国文:《英语语言问题研究》,中山大学出版社 1999 年版。

黄国文:《语篇分析的理论与实践——广告语篇研究》,上海外语教育出版社 2001 年版。

何兆熊主编:《新编语用学概要》,上海外语教育出版社 2000 年版。

吕叔湘:《指示代词的二分法和三分法——纪念陈望道先生百年诞辰》,《中国语文》1990 年第 6 期。

吕叔湘:《近代汉语指代词》,学林出版社 1985 年版。

吕叔湘:《现代汉语八百词》(增订本),商务印书馆 1999 年版。

黎运汉、宗世海:《现代汉语语体修辞学》,广西教育出版社 1989 年版。

黎运汉:《汉语风格学》,广东教育出版社 2000 年版。

李佐丰:《广播电视语言》,北京广播学院出版社 1998 年版。

李佐丰:《电视专题片声画语言结构》,北京广播学院出版社 1999 年版。

李佐丰、赵均、张武江:《广播电视语体研究回顾》,《现代传播》2007 年第 1 期。

李佐丰:《屏幕语体——与口语体、书面语体并立的第三种语体》,《现代传播》2009 年第 3 期。

李水仙:《电视新闻语体研究》,中国传媒大学出版社 2007 年版。

李晓华:《新闻播音节律特征研究》,中国传媒大学出版社 2008 年版。

李战子:《话语的人际意义研究》,上海外语教育出版社 2002 年版。

林焘、王理嘉:《语音学教程》,北京大学出版社 1992 年版。

马庆株:《汉语动词和动词性结构》,北京大学出版社 2005 年版。

齐沪扬、朱敏:《现代汉语祈使句句末语气词选择性研究》,《上海师范大学学报》2005 年第 2 期。

屈哨兵:《广告语言方略》,科学普及出版社 1997 年版。

邵敬敏:《广告语创作透视》,北京语言学院出版社 1996 年版。

邵敬敏:《现代汉语疑问句研究》,华东师范大学出版社 1996 年版。

邵敬敏:《现代汉语通论》(第二版),上海教育出版社 2007 年版。

沈淑贤:《现代汉语语体与语法研究》,南开大学博士学位论文 2003 年版。

王德春:《语体略论》,福建教育出版社 1987 年版。

王德春、陈瑞端:《语体学》,广西教育出版社 2000 年版。

王沛:《广告心理效果与评价》,科学出版社 2008 年版。

王希杰:《汉语修辞学》,北京出版社 1983 年版。

王道英:《"这","那"的指示功能研究》,学林出版社 2005 年版。

王景丹:《试析话剧语体中的感叹句》,《宁夏大学学报》(人文社会科学版)2007 年第 4 期。

王茂林:《普通话自然话语的韵律模式》,中国社会科学院研究生院博士学位论文,2003 年。

吴一安:《空间指示语与语言的主观性》,《外语教学与研究》2003 年第 6 期。

吴为善:《广告语言》,上海教育出版社 2007 年版。

吴为章:《广播电视话语研究选集》,北京广播学院出版社 1997 年版。

吴洁敏、朱宏达:《汉语节律学》,语文出版社 2001 年版。

许余龙:《篇章回指的功能语用探索》,上海外语教育出版社 2004 年版。

许余龙:《篇章回指的功能研究——一项基于汉语民间故事和报刊语料的研究》,上海外语教育出版社 2004 年版。

徐舫州:《电视解说词写作》,北京师范大学出版社2001年版。
徐赳赳:《现代汉语篇章回指研究》,中国社会科学出版社2003年版。
徐晶凝:《现代汉语话语情态研究》,昆仑出版社2008年版。
袁晖:《试论语体的交叉渗透及其社会因素》,《安庆师院社会科学学报》1990年第1期。
袁晖、李熙宗主编:《汉语语体概论》,商务印书馆2005年版。
袁毓林:《现代汉语祈使句研究》,北京大学出版社1993年版。
殷树林:《论现代汉语反问句的语用价值》,《求是学刊》2008年第1期。
于根元:《广告语言教程》,陕西人民教育出版社1998年版。
云贵彬:《语言的结构——20世纪语言学的焦点》,北京广播学院出版社2000年版。
〔澳〕约翰·罗西特、〔美〕拉里·珀西:《广告沟通与促销管理》(第二版),康蓉等译,中国人民大学出版社2004年版。
张颂:《朗读学》,湖南教育出版社1983年版。
张颂主编:《中国播音学》(修订版),北京广播学院出版社2003年版。
张政法:《有声语言大众传播的生命活力》,中国传媒大学出版社2006年版。
张伯江、方梅:《汉语功能语法研究》,江西教育出版社1996年版。
郑兴东:《受众心理与传媒引导》(修订版),新华出版社2004年版。
中国华东修辞学会、复旦大学语言文学研究所编:《语体论》,安徽教育出版社1987年版。
赵雪:《电视访谈节目语篇研究》,中国戏剧出版社2006年版。
曾毅平、李小凤:《报道语体与文艺语体疑问句的分布差异》,《汉语学习》2006年第5期。
朱晓亚:《现代汉语句模研究》,北京大学出版社2001年版。
中国广告协会电视委员会、北京广播学院电视系编:《电视广告创意与制作》,科学技术文献出版社 1992 年版。

祝克懿:《语言学视野中的"样板戏"》,河南大学出版社 2004 年版。

Bernstein, David, *Creative Advertising*, Longman, 1974.

Brown and Levinson, *Politeness: Some Universals in Language Usage*, Cambridge University Press, 1987.

Cook, Guy, *The Discourse of Advertising*, Routledge, 1992.

Dyer, G., *Advertising as Communication*, Routledge. 1982.

Eggins, S., *An Introduction to Systemic Functional Linguistics*, Pinter, 1994.

Fillmore, C. J., *Studies in Lingustic Semantics*, Holt, Rinehant Winton of Winston, 1971.

Gillian Brown and George Yule, *Discourse Analysis*, Cambridge University Press, 1983.

Halliday, M. A. K., & Hasan, *Cohesion in English*, Cambridge University Press, 1976.

Halliday, M. A. K., *An Introduction to Functional Grammar*, Hodder Arnold, 1985.

Halliday, M. A. K. and Hasan, *Language, Context and Text: Aspects of Language in a Social-Semiotic Perspective*, Oxford University Press, 1989.

Keiko, T., *Advertising Language: A Pragmatic Approach to Advertisements in Britain and Japan*, Routledge, 1999.

Leech, G. N., *Principles of Pragmatics*. Lonman Group Limited, 1983.

Leech, G. N., *English in Advertising: A Linguistic Study of Advertising in Great Britain*, Longman, 1966.

Myers, Greg, *Words in Ads*, Hodder Education Publisher, 1994.

Vestergaard, Torben, and Kim Schroder, *The Language of Advertising*, Basil Blackwell Ltd., 1985.

后 记

这本专著是在我的博士论文基础上修改而成的。博士论文的完成，首先得益于我的导师李佐丰先生的辛勤教诲。从确立选题到寻找切入点，从框架结构到理论体系的形成，都离不开先生的悉心指导。四年苦读，师恩师情铭刻在心头的不仅仅是一部博士论文，还有先生诲人不倦、启迪学生于驽钝的点点心血，有先生既严厉要求又全心鼓励学生的鞭策之法；先生自身对学术的痴迷执着，先生的勤奋耕耘与严谨治学，言传身教的感召力让我获益终生，并激励我努力终身。先生常对我说，“读书一定要踏踏实实、认认真真，来不得半点粗心大意。”先生的话对我永远是鞭策，也是航标。

在中国传媒大学读书的四年里，我得到了许多老师的无私教诲与帮助。张颂先生几十年如一日，著书立说，勇于创新，他“淡泊明志，宁静致远”的人生态度值得我学习。冯志伟先生、陈章太先生、李如龙先生、李晓华先生、蒲震元先生、于根元先生、云贵彬先生、胡智锋先生、侯敏先生、邢欣先生、吴郁先生等老师的课程开拓了我的视野，激发了我对语言学理论的极大兴趣。

感谢中国社会科学院语言研究所方梅研究员、中国政法大学法律语言研究中心主任王洁教授、安徽大学袁晖教授、厦门大学李如龙教授，他们对论文的写作都提出了重要修改意见，他们对语体学的精辟论述拓宽了我的研究思路。

我读硕士研究生时的两位老师，北京航空航天大学英语系文军教授、北京师范大学英文系彭宣维教授多年来一直支持我读书，不断鼓励我积极向上，给了我不少关照。他们高尚的品格，值得我学习。

感谢师姐赵雪教授、李水仙博士，不管多忙，总是耐心细致地回答我提出的问题。感谢好友蒋成峰博士，同窗四年，他总是鼓励我乐观面对压力。感谢师兄赵均教授、张政法教授、朱亚军教授，师姐崔丽博士、许晋博士，师弟戴爱明博士、郭小春博士、周伟红博士，师妹李小凤博士、高磊博士、任前方博士、张婧博士。

感谢我爱人多年的艰辛付出。她不但要完成自己繁重的教学任务，还要承担起抚养孩子的艰巨任务。没有她的全力支持，我的学业将很难完成。

感谢师母刘南燕女士，在我为论文感到一筹莫展，甚至准备放弃时，她总是鼓励我要有信心，坚持下去。

特别感谢中国传媒大学出版社的李水仙博士，没有她的帮助和鼓励以及对书稿的严格要求，这部专著的出版是不可能的。

张武江

2015 年 1 月

图书在版编目(CIP)数据

电视商业广告语体研究/张武江著. —北京:中国传媒大学出版社,2015.8
ISBN 978-7-5657-1377-4

Ⅰ.①电… Ⅱ.①张… Ⅲ.①商业广告—广告学—语言学—研究
Ⅳ.①F713.8

中国版本图书馆 CIP 数据核字（2015）第 098037 号

电视商业广告语体研究

著　　者	张武江
责任编辑	李水仙
责任印制	阳金洲
封面制作	泰博瑞国际文化传媒
出 版 人	王巧林
出版发行	中国传媒大学出版社
社　　址	北京市朝阳区定福庄东街 1 号　邮编:100024
电　　话	86—10—65450528　65450532　传真:65779405
网　　址	http://www.cucp.com.cn
经　　销	全国新华书店
印　　刷	北京艺堂印刷有限公司
开　　本	710mm×1000mm　1/16
印　　张	14.5
字　　数	181 千字
版　　次	2015 年 8 月第 1 版　　2015 年 8 月第 1 次印刷
书　　号	ISBN 978-7-5657-1377-4/F·1377　**定　价**　58.00 元